El acoso escolar en la infancia

cómo comprender las cuestiones implicadas y afrontar el problema

christine macintyre

El acoso escolar en la infancia

cómo comprender las cuestiones implicadas y afrontar el problema

Desclée De Brouwer

Título original:

Bullying and Young Children.
Understanding the issues and tackling the problem
© 2009 by Routledge
All Rights Reserved. Authorised translation from the English language by
Routledge, a member of the Taylor & Francis Group

Traducción:

María del Carmen Blanco Moreno

© 2012, Editorial Desclée De Brouwer, S.A.
Henao, 6 - 48009 Bilbao 48009
www.edesclee.com
info@edesclee.com

ISBN: 978-84-330-2563-0
Depósito Legal: BI-781-2012
Impresión: RGM, S.A. - Urduliz

Impreso en España - Printed in Spain

Índice

Agradecimientos

Son muchas las personas que han hecho posible este libro y me complace dar las gracias a todas ellas. En primer lugar, mi agradecimiento se dirige a los niños que realizaron sus actividades de juego de rol escribiendo los poemas que aparecen a lo largo del texto. Los compusieron en una serie de clases de escritura creativa destinadas a aumentar su conciencia de los problemas del acoso escolar. Al principio se trató de una actividad cuyo objetivo era el desarrollo de la empatía comprendiendo los sentimientos de los acosadores y de las víctimas. Con su participación llegaron a apreciar las razones, muy diferentes, que influían en ellos para comportarse de esa manera. Gracias también a su profesor por orientarlos en esta empresa creativa. Otro grupo de niños diseñó los pósteres para ilustrar las ideas que habían aprendido durante la semana anti-acoso. Y los expusieron en un supermercado local donde sensibilizaron a otros menores que no habían tenido la misma oportunidad que ellos.

Doy las gracias también a los experimentados profesores que compartieron sus estrategias para abordar los incidentes de acoso escolar y comunicar noticias preocupantes a los padres. Con frecuencia se sentían perplejos porque, a pesar de sus esfuerzos, el acoso no había desaparecido totalmente, pero, alentados por algunos éxitos, hicieron la promesa de seguir intentando diferentes estrategias y compartiendo sus preocupaciones. Ellos esperan que sus experiencias permitan a otros ver que no están solos en su intento de erradicar el azote del acoso escolar.

Un «gracias» muy grande para Lucy Wainwright, de Routlegde, y para el equipo de Keystroke por su trabajo profesional de edición del texto.

El acoso escolar en la infancia christine macintyre

Doy las gracias especialmente a David Barrington, que ha captado los sentimientos de los poemas en sus dibujos.

Todos esperamos que los niños vivan en armonía sin acoso escolar, de modo que puedan disfrutar de su infancia sin el miedo y la opresión producidos por él. Es fundamental que sea así porque, después de todo, «el futuro pertenece a los jóvenes».

Introducción

«¿Por qué estás triste?», me preguntaron.
«¿Por qué estás triste sin cesar?».
«¡Estoy triste porque esos otros niños
nunca me dejan jugar!».

«Me dijiste que se lo pidiera educadamente.
Y lo hice, pero echaron a correr
y me amenazaron con pegarme si lo contaba.
Realmente echaron mi día a perder».

Si a los padres se les permitiera expresar un solo deseo para sus hijos en edad escolar, estoy segura de que su respuesta sería que fueran felices en el colegio. Pero, naturalmente, este ideal es complejo. ¿Qué es lo que quieren decir? Probablemente que sus hijos crezcan sanos y desarrollen la confianza suficiente para hacer amigos, y las habilidades y destrezas que les permitan participar en todos los aspectos de la vida escolar disfrutando y con éxito. Esto parece una esperanza totalmente razonable, pero acontecimientos siniestros como el acoso escolar pueden arruinar la experiencia del niño en el centro escolar, e incluso sus oportunidades en la vida. Los efectos negativos del aco-so pueden ser devastadores y permanecer en algunos niños durante muchos años después de haber dejado la escuela y a los acosadores que conocieron en ella. Incluso pueden convertirlos en adultos con dificultades para confiar en los amigos, lo cual puede conducir al aislamiento y al mantenimiento de rela-ciones tensas (Alexander *et al.* 2004a, b). Muchos centros escolares, si no todos, tienen actualmente políticas anti-acoso; a pesar de ello, el 27 por ciento

El acoso escolar en la infancia christine macintyre

de los niños que cursan la enseñanza primaria en nuestros colegios informan de que han sido «víctimas de la hostilidad sistemática y constante por parte de un grupo de iguales que continuamente convirtieron sus vidas en un infierno» (Thornton 2007). Es indudable que el problema persiste todavía.

Imagina lo que sería ver a tu hijo angustiado día tras día, aterrorizado por la idea de ir al colegio, llorando al volver a casa, pero aparentemente sin ganas o sin capacidad de explicar por qué. ¿Qué puedes hacer? «Esperar a que pase» no es una estrategia útil y, sin embargo, muchos padres, quizá por miedo a que su hijo haya hecho algo para merecer el acoso escolar, o sencillamente porque no saben cómo afrontar el problema, se sienten demasiado inhibidos y no toman ninguna iniciativa. Quizás teman que su hijo sea un acosador o hayan oído rumores sobre ello. Tal vez se sientan aterrados. Puede ser que no haya una razón evidente por la que su hijo ha empezado a hostigar, o tal vez sospechen que la intimidación ha surgido como un mecanismo de supervivencia para desquitarse por la conducta inaceptable de otra persona. Por otro lado, los padres podrían reconocer que su hijo es un acosador porque experimentan en casa su comportamiento hostil y habitualmente agresivo. Podrían preguntarse si hay una causa neurológica, porque su hijo no quiere atender a razones y «parece que solo se siente eufórico cuando está alborotando» (en palabras de una mamá preocupada que «lo ha intentado todo»). Es posible que los padres se culpen entre sí, citando razones genéticas como, por ejemplo: «Ha salido igual a tu padre, que gritaba y no atendía a razones». Recriminaciones como esta pueden hacer que el problema aumente de manera descontrolada. ¿Qué pueden, o deben, hacer los padres?

Y si los padres del menor que es víctima de acoso escolar deciden ir al colegio para «llegar hasta el fondo del asunto» y el menor les pide que se queden en casa «porque lo único que haréis será empeorar las cosas», entonces ¿qué? ¿Tienen que hacer caso omiso de las peticiones de su hijo? A pesar de la opción de los colegios por construir relaciones positivas con los padres, es muy difícil afrontar el debate sobre un tema «sensible» como el acoso escolar con alguien que es relativamente extraño. Quizás esta sea la razón por la que solo un cuatro por ciento de los padres lo hacen (Byrne 2003).

¿Y cuándo empieza el acoso escolar? ¿Hay una fecha límite en la que las estrategias usadas a veces por los niños que empiezan a andar, como empujar y morder, pasan de ser reconocidas como fases pasajeras inaceptables a ser conductas de acoso escolar? ¿Se puede aceptar realmente que los bebés son acosadores por naturaleza? Puesto que hay un número cada vez mayor de niños atendidos en guarderías durante periodos más prolongados, esta es una cuestión importante que debe ser investigada. No se puede dejar que los niños estén indefensos ante este peligro.

Este libro explica qué es el acoso escolar y por qué se mantiene, a pesar de los mejores esfuerzos de los padres y del personal docente. Trata de transmitir a los padres de las víctimas y de los acosadores que ellos y sus hijos no están solos, y sugiere formas de introducir cambios en las comprensiones, los modelos y las acciones, de modo que todos los menores aprendan modos mejores de afrontar el problema. Muchos niños acosan en un esfuerzo equivocado por conseguir estatus; algunos menores que no se lo merecen son elegidos como blanco por razones triviales o sin razón alguna. Otros niños pueden expresar sus preocupaciones reales o infundadas en el colegio, pero no pueden hablar de ellas en casa –o puede suceder lo contrario–. Y algunas víctimas potenciales se unen a los acosadores como un mecanismo de supervivencia, porque temen que si no adoptan una conducta que en su corazón saben que es inaceptable, serán los blancos siguientes. Y, tristemente, parece que algunos niños disfrutan acosando. Parecen sordos a los ruegos para que desistan; no se dejan impresionar por las explicaciones según las cuales si continúan con las técnicas de acoso escolar, nadie querrá ser amigo suyo. Incluso es posible que algunos menores no se inmuten ante la amenaza de sanciones y de expulsión. Un niño de diez años al que se le recordó la posibilidad de la expulsión replicó: «De todos modos, no quiero estar en tu colegio» (¡se omiten los adjetivos!). Hay un sinnúmero de casos que dejan horrorizados a los espectadores.

No obstante, independientemente del estímulo o la respuesta, tiene que haber cosas que se puedan hacer. La acción más acosadora de todas sería quedarse al margen y no hacer nada. Lamentablemente, no hay una estrategia infalible que sea eficaz en todas las situaciones. Es preciso entender las dificultades infantiles en su contexto y, después, hay que seleccionar y probar las estrategias más apropiadas para cada situación. No hay ni un «acosador típico» que hace determinadas cosas, ni una «víctima típica» que reacciona de la manera esperada. Si así fuera, la identificación y la solución serían mucho más fáciles. Esto es lo que hace que resulte tan difícil reunir pruebas y registrar hechos de acoso escolar. Al volver a contarlos, los incidentes pueden parecer triviales, pero tienen efectos profundamente desdichados. ¿Cómo se pueden cuantificar –y menos aún probar– una mirada obscena y maliciosa o un silencio repentino y amenazador? Sin embargo, estas estrategias pueden causar tanto dolor como una agresión física. Y, por supuesto, para provocar dolor, los acosadores suelen elegir momentos en los que no hay espectadores presentes. «La mayoría de las veces, el acoso escolar es un asunto secreto» (Thornton 2007).

Mientras que muchos niños son acosados en el ámbito escolar por alguna razón, o sin razón alguna, es triste constatar que algunos que ya tienen que arreglárselas con necesidades de apoyo adicionales son particularmente susceptibles de ser convertidos en blanco. El hecho de ser diferentes por cualquier motivo –en el proceso de desarrollo, por razones étnicas o por tener que llevar gafas– puede hacer que los niños sean vulnerables. Es especialmente triste que los niños con discapacidades o diferencias de aprendizaje sean con frecuencia, e incluso ordinariamente, blanco de los acosadores. A propósito de sus dos hijos con autismo, Charlotte Moore (2004) afirma con seguridad que «*serán* acosados; "es lo más normal"» –y esto sucede en una cultura que nos urge a fomentar la inclusión y a apreciar y elogiar las diferencias–. A lo largo de todo el libro, pero particularmente en el capítulo 2, se encuentran explicaciones de algunas dificultades o diferencias de aprendizaje e indicadores que suelen ser «elegidos».

Dado que es menos probable que los niños seguros de sí mismos y extrovertidos –es decir, los que tienen una alta autoestima– sean acosadores o víctimas, los capítulos 5 y 6 explican la naturaleza intrincada del acoso escolar y sugieren maneras en que se puede aumentar la autoestima de los niños que no tienen confianza en sí mismos. Muchos niños necesitan ayuda para llegar a ser más asertivos, y necesitan apreciar la diferencia sutil entre esto y la conducta agresiva. Necesitan estrategias verbales y no verbales que les permitan derrotar a los acosadores y una perspectiva positiva que haga saber a los acosadores que serán vencidos.

A lo largo del texto hay ejemplos del trabajo de profesores y niños que ilustran actividades que han sido diseñadas específicamente para reducir todas las clases de acoso escolar. Después, en el capítulo 6 se presentan estrategias prácticas que pueden ser probadas y evaluadas en diferentes ámbitos.

Entonces, ¿cómo podemos hacer frente al acoso escolar? ¡Ciertamente no podemos rendirnos! Empecemos por el principio y hagamos preguntas sobre el acoso desde los años de la educación preescolar; después aventurémonos en las aulas de enseñanza primaria y compartamos el trabajo que se está realizando en los centros escolares de nuestra ciudad. El objetivo es que la familia y el centro escolar, preferiblemente en un trabajo conjunto, proporcionen a los niños la confianza y la prueba positiva de que todos los adultos solícitos tienen un único objetivo: proteger a todos los niños del azote del acoso escolar.

Uno de los rasgos más preocupantes es el enorme incremento del acoso sexual. El Department for Children, Schools and Families (DCSF) afirma que 3.500 alumnos fueron expulsados temporalmente por acoso sexual en un año en Inglaterra, y 260 de ellos estaban todavía en la enseñanza primaria. De hecho, 20 niños tenían solamente cinco años de edad. Así pues, los insultos han adoptado una nueva y siniestra dimensión. ¿Qué clase de sucesos encajan en este apartado? La organización benéfica Beatbullying enumera la mala conducta sexual: por ejemplo, graffiti, insultos y toques inapropiados e incluso agresiones graves, como forzar a otra persona a participar en actos sexuales.

¿Por qué sucede esto? Michelle Elliot, de Kidscape, explica que «el acoso sexual se ha convertido casi en una forma de afirmar el poder sobre otros y, por esa razón, es inquietante». Está previsto que en el curso de este año (2009) el DCSF publique pautas para afrontarlo. Se ha de establecer una base de datos nacional para controlar el alcance del problema. Es posible que en este momento los padres se sientan alarmados por la falta de respuesta apropiada inmediata de los centros escolares. Pero, naturalmente, muchos casos siguen ocultos y a los niños les resulta muy difícil compartir las terribles experiencias que han vivido. Como en todos los casos de acoso, el primer paso que el personal docente debe dar es hacer que los responsables sepan que sus actos serán registrados y que se informará a la policía; que se tomarán en serio todos los incidentes y se invertirá el tiempo necesario para asegurarse de su erradicación.

Y, por supuesto, el personal docente puede ser también el blanco de conductas de acoso como, por ejemplo, miradas y comentarios obscenos. Los alumnos pueden incluso enviar por correo electrónico o colgar en internet comentarios sexuales explícitos, y «muchas alumnas afrontan la misma conducta horrorosa» (Keats, National Secretary NASUWT).

Esperemos que, si podemos erradicar el acoso escolar en los primeros años, no emerja más adelante. El daño a las víctimas infantiles y a los acosadores es demoledor y muy duradero. De alguna manera, los niños tienen que aprender a empatizar con otros y a no estar tan estresados que reaccionen de este modo agresivo, sexual y totalmente inaceptable.

1

Veinte preguntas sobre el acoso escolar

Una gran nube negra me acecha,
mi garganta está tensa y dolorida,
no quiero volver a este colegio
nunca más.

Ashleigh, de nueve años de edad

Pregunta 1: ¿Son acosadores los niños muy pequeños?

La pregunta acerca de si se puede decir que los niños muy pequeños son acosadores es difícil de responder. Si la respuesta es «sí» –y tanto los informes de expulsión de centros escolares para niños de cuatro años como muchos profesores de educación infantil no tienen duda de que es así–, ¿qué clase de cosas hacen y por qué las hacen? Y si la respuesta es «no», entonces ¿qué es lo que provoca que algunos de ellos empiecen (ya que, a pesar de los esfuerzos de todos por detener el acoso escolar, aún es endémico en todos los grupos sociales y en todas las edades)? ¿Y cuáles son las implicaciones para los acosadores, sus víctimas y las familias de ambos? Nadie se sorprenderá al oír que el acoso escolar «es un precursor de problemas de salud» o que tal conducta «es un problema que constituye una preocupación principal para los menores, sus profesores y sus padres» (Bond *et al.* 2001). Así, desde los primeros días de experiencia escolar hay que desarrollar las observaciones de las interacciones de los niños y su comprensión de las clases de conducta que son inaceptables.

Empecemos reflexionando sobre las guarderías y los centros de educación infantil, y sobre las experiencias que los niños tienen en ellos.

Pregunta 2: ¿De qué niños se trata?

Los niños son un grupo de niños pequeños de diferentes edades (recuérdese que un año puede significar un tercio de la vida de un niño), que se encuentran en diferentes etapas de desarrollo (algunos niños de tres años pueden ser más capaces que otros de cinco años) y que tienen diferentes estaturas, orígenes étnicos, capacidades intelectuales, competencias sociales, destrezas motrices y estabilidad emocional. Poseen diferentes habilidades para comprender y usar el lenguaje expresivo con el fin de compartir sus necesidades, y hay diferencias en las lenguas y los dialectos que emplean. Además, algunos son niños de trato fácil, seguros de sí mismos y creativos, mientras que otros padecen ansiedad o son muy retraídos. Hay niños que tardan en animarse y otros que no pueden o no quieren esperar. Estas diferencias temperamentales influyen en su disposición a interactuar con otros miembros de su grupo y en su motivación para aprender. Las experiencias de los niños en casa y fuera del centro escolar, los niveles de sentido común y las convicciones culturales son enormemente variadas. Hay niños despabilados que conocen sus derechos y no tienen miedo de proclamarlos en medio de los que han sido demasiado protegidos en casa –y toda la gama existente entre ambos extremos–. Algunos presentan diferencias y dificultades de aprendizaje, incluido el número creciente de niños que se hallan en el espectro autista. Estos niños tienen dificultades para comprender los pensamientos y sentimientos de otros, y les resulta difícil cultivar relaciones. Hay niños con discapacidades físicas –como, por ejemplo, la parálisis cerebral– que necesitan un apoyo extra y niños con trastornos de atención que tal vez dificulten involuntariamente el desarrollo de las clases. Otros se resisten por todos los medios a ir al colegio y desahogan su frustración sobre los demás, normalmente sobre los más vulnerables. Cuando los reunimos a todos juntos en un espacio reducido durante un periodo de tiempo prolongado, ¿hay algo de sorprendente en el hecho de que algunos, quizá con la intención de ganar status y hacerse oír, recurran al acoso escolar?

Además, la complejidad, el interés y el desafío de dirigir a los niños aumentan porque no son aprendices pasivos que únicamente esperan las palabras de sabiduría y consejo de sus padres y profesores. Entran en una nueva situación con diferentes expectativas sobre lo que van a encontrarse, lo importante que va a ser y cómo van a arreglárselas. Algunos tienen amigos en el vecindario, lo cual les facilita la integración, pero otros no los tienen. Los estilos de paternidad de sus progenitores son radicalmente diferentes; han aprendido «normas» diferentes, incluidas las normas relativas a las represalias si alguien les molesta y la manera de tomarlas; cómo cuidar el material escolar; si su tarea es ordenarlo; cómo reaccionar cuando otro adulto les dice lo que deben hacer, e incluso la clase de comida que deben llevar para tomar un tentempié. Las diferencias entre las normas domésticas y las normas en la guardería o en el colegio pueden causar gran confusión. Los niños tienen también diferentes niveles de oportunidades y trasfondo financiero para hacer cosas interesantes y que constituyen un reto, y diferentes niveles de recursos domésticos y apoyo parental, y hasta cierto punto esto influye en su percepción de lo que el futuro guarda para ellos (Winston 2004). Porque a medida que los niños desarrollan su autoconciencia, empiezan también a hacer comparaciones entre su suerte y la de los demás. Las injusticias reales, e incluso las imaginadas, pueden causar el desarrollo de animosidades y sentimientos de baja autoestima.

Pregunta 3: El marco escolar de los primeros años ¿puede contribuir al acoso?

Todas estas diferencias en niños individuales se reúnen en un marco que es muy diferente del doméstico. Ciertamente es muy ajetreado, con muchos más niños experimentados que parecen seguros de sí mismos y capaces de controlar totalmente su aprendizaje y sus amistades. Para el recién llegado, esto puede ser consolador o abrumador. El entorno mismo puede ser aterrador; por ejemplo, con cisternas que se descargan ruidosamente. En un centro escolar sucedió que después de colocar nuevos retretes que se descargaban automáticamente, ningún niño quería entrar en ellos. ¿La razón? ¡Un niño sugirió que «el que tiraba de la cadena» era un fantasma! ¿Lo hizo con intención de molestar, para acosar o simplemente para divertirse? ¡Quizá la respuesta dependa del efecto causado por el retraso! Hay que añadir que hay ruidosas cocinas detrás de las paredes, sirenas que suenan y radiadores que zumban, paredes cubiertas con dibujos de colores brillantes y que causan confusión, luces que parpadean y puertas que tienen dos cerraduras. «¿A quién hay que mantener fuera?», preguntó un niño temeroso. Incluso los pasillos grandes pueden resultar desagradables, especialmente si esto anima a los niños a correr de un lado para otro.

Y, por supuesto, los niños tienen que encontrarse con nuevos profesores, aprender nuevas normas y hacer frente a una amplia gama de nuevas actividades de aprendizaje.

Pregunta 4: ¿Qué tienen que aprender los niños?

- Que estarán seguros sin sus padres o cuidadores.
- Que sus padres o cuidadores volverán.
- Cómo seguir una rutina compleja.
- Cómo hacer amigos.
- Cómo esperar que llegue su turno.
- Cómo empatizar con otros.
- Cómo recibir los elogios y las recompensas.
- Cómo relacionarse con adultos «extraños» y con otros niños que tal vez no se comporten como ellos.
- Cómo estar quietos y escuchar a los demás.
- Cómo compartir los juguetes y los recursos.
- Cómo subir a una bici y dar un paseo en ella.
- Cómo hacer elecciones y decidir qué hacer.
- Cómo eliminar las distracciones y concentrarse.
- Cómo realizar todas las actividades y tareas.

En su estudio longitudinal de niños en centros escolares irlandeses, Murray y Keane (1998) afirman que «es más probable que quienes no son capaces de gestionar las tareas de los primeros años sufran acoso escolar». Insultos como «estúpido» pueden persistir más allá del tiempo en que son proferidos por niños irreflexivos y poco comprensivos. Y esto puede suceder en cualquier entorno. Un impaciente niño de cinco años que estaba deseoso de disfrutar de la primera lección de natación se quitó la ropa y apareció sin bañador en la piscina. Varios años más tarde era conocido todavía como «Hugh, ya sabes, el niño que se presentó sin bañador en la clase de natación». Esto muestra que el pobre Hugh tuvo que soportar las burlas durante varios años. Hugh lo consideraba acoso escolar, porque estaba ansioso por no volver a ser insultado, pero no sabía cómo. Esta persistencia de las impresiones de los primeros años es un dato muy importante y un respaldo decisivo para el valor de la educación infantil que sitúa en el centro el bienestar total de los niños. Los profesores afectuosos ayudan a reducir las molestias y a censurar las etiquetas que no son útiles.

Este dato contiene la sugerencia implícita según la cual, como muchos de los grupos seguirán juntos en los años de la enseñanza primaria, los niños pueden seguir clasificando a otros en función de sus incompetencias iniciales. Además, tales valoraciones pueden mantenerse durante mucho tiempo, incluso cuando han desaparecido las dificultades primeras. Así, ¿qué pueden hacer los profesores para asegurar que no se establezcan las etiquetas negativas?

Respetar las diferencias

Por encima de todo, los niños tienen que aprender a respetarse a sí mismos y a respetar a los demás niños del centro escolar, a los adultos que cuidan de ellos y los recursos puestos a su disposición. Tienen que llegar a reconocer que la «diferencia» es precisamente eso. ¡Ser diferente no es ser mejor o peor! El periodo de tiempo necesario para llegar a este reconocimiento dependerá de la disposición del niño para negociar, de la coherencia o el conflicto entre las experiencias anteriores del niño y esta experiencia nueva y, por supuesto, de las actitudes que perciben en personas significativas como profesores, conserjes, cuidadores en el comedor y el patio de recreo, y los padres de otros compañeros. De hecho, este mensaje se transmite mejor por el ejemplo de los modelos dignos de ser imitados en el centro escolar. No obstante, si los niños no aprenden por ósmosis, entonces hay que explicárselo, porque es posible que nadie les haya explicado que determinadas maneras de comportarse podrían constituir acoso escolar. A veces damos por supuesto que los niños entienden, cuando en realidad no han desarrollado aún la empatía o la experiencia que les permiten comprender.

Uno de los refugios de los niños que se sienten abrumados por todas estas exigencias es el egocentrismo. La mayoría de los niños de esta edad son egocéntricos (Piaget 1954). Este término significa que tienden a estar encerrados en su existencia y son poco conscientes de los demás miembros del marco escolar. Juzgan sus nuevas experiencias en relación con las que tienen en casa. La teoría de Piaget, basada en observaciones extremadamente detalladas de sus hijos, está confirmada por las etapas de desarrollo, observables en diferentes culturas, del juego de los niños. Porque todos los niños juegan en solitario, después experimentan el juego en paralelo, y esta etapa precede siempre al juego común en grupos pequeños y, más tarde, en grupos grandes. El egocentrismo se puede ver también cuando los niños llevan fotos familiares al centro escolar y esperan que los profesores conozcan los nombres de los miembros de la familia y las relaciones de parentesco entre ellos, ¡e incluso el nombre del gato! Se supone que en esta etapa los niños disponen del tiempo necesario para establecerse en su nuevo entorno antes de tener un nivel de interacción mayor con otros y hacer posibles comparaciones negativas. Pero hay una paradoja en el hecho de que cuando los niños empiezan a entender, en torno a los tres o cuatro años de edad, que otras personas tienen diferentes sentimientos y motivos, esta comprensión puede estimular la competición o el acoso escolar. Así, es vital que los niños tengan todo el apoyo que necesitan en estos primeros días, porque el desarrollo de su autoconciencia puede impactar cruelmente en su autoestima. Esta es la razón por la que el feedback positivo temprano es tan vital y por la que los programas compensatorios tempranos tratan de dar a los niños necesitados un estímulo antes de que se autoevalúen y comprendan que otros van por delante.

Por fortuna, en un plan de estudios basado en el juego, los niños pueden elegir en gran medida lo que quieren hacer. Esto significa que pueden seleccionar actividades en el nivel que corresponde a sus intereses y su etapa de desarrollo, o pueden ser imaginativos e innovadores, lo cual da como resultado un proceso de aprendizaje que debería estar libre de estrés. Pueden jugar solos o con un amigo hasta que tienen la confianza y la competencia necesarias para unirse a otros en el juego. Por encima de todo, hay tiempo, no «tiempo precioso» (es decir, «tiempo que no se puede perder», lleno de problemas que resolver), sino tiempo para escuchar, observar y crecer. ¡Incluso tiempo para disfrutar mirando!

En la guardería, la educación preescolar y la enseñanza primaria, los niños tienen modelos positivos que imitar proporcionados por los profesores, y en estos centros los menores están inmersos en un ideario que valora a todos por igual. No obstante, pese a que los profesionales aseguran que ellos intervienen para evitar las conductas inaceptables, sin embargo, la conducta de acoso escolar –es decir, la crueldad persistente, intencionada y consciente, perpetrada contra los que son incapaces de defenderse– sobrevive.

Pregunta 5: ¿Qué clases de conducta pueden calificarse como acosadoras?

Es frecuente que los investigadores distingan entre las burlas y el acoso escolar basándose en la frecuencia de los sucesos. Byrne (2003) explica que «el acoso escolar es una clase de conducta repetitiva, no un suceso aislado y transitorio». Esto implica que consiste en acciones premeditadas y podría explicar por qué los profesionales son reacios a llamar acosadores a los niños pequeños. Sus acciones, aunque puedan ser igualmente ofensivas, podrían ser realizadas sin pensar e impulsivamente. Él sostiene que «siempre habrá insultos, ofensas y burlas», pero advierte también de que hay una línea que no debería ser cruzada. El problema es dónde trazar esa línea. ¿No depende esto de los sentimientos del niño que está recibiendo las calumnias o las bofetadas? Quizás una aproximación más comprensiva consistiría en considerar cómo se ve afectado el niño insultado o acosado, y valorar el efecto por su significación, no por su repetición. Porque incluso un solo incidente puede hacer que los niños sensibles se pongan nerviosos y se preocupen pensando que podría volver a suceder.

Pregunta 6: ¿Qué pueden hacer los profesores?

Escuchemos a los profesionales que trabajan en las guarderías. La puericultora Ann explica:

> «En realidad, se necesitan ojos en la nuca cuando se trabaja en una guardería, porque los incidentes pueden estallar de repente. Si dos niños se están peleando por un juguete, intervenimos y hacemos este elogio: "¿No vas a ser un niño bueno y a compartir amablemente el juguete? Si lo haces, te sentirás realmente bien". A menudo, esto puede calmar la situación y esperamos que los niños reflexionen sobre el resultado, especialmente si a continuación proporcionamos algo interesante al que ha estado dispuesto a esperar».

Así pues, Ann prefiere intervenir, haciendo hincapié en lo positivo y cerciorándose, mediante la introducción de una actividad diferente, de que el niño que cede no queda relegado.

Su colega Freya, que está de acuerdo, añade:

> «Cuando esto sucede, nadie siente que ha perdido, de modo que el incidente se olvida rápidamente. El resentimiento no dura en los grupos de niños de corta edad. Generalmente pasan a otra cosa. A veces vemos caras malhumoradas y se puede sentir el resentimiento en el ambiente, pero en general podemos sugerir una canción o un relato, y se les pasa. Esta es una ventaja importante en la programación de la guardería; se puede adaptar a lo que está pasando y evitar las quejas y que se saquen las cosas de quicio».

En un curso de niños de seis años, es decir, un poco mayores, Jo discrepa categóricamente:

«Ser demasiado suave es improductivo. Si preparas una lección, tal vez usando marionetas para mostrar cómo se siente la persona acosada, los niños entienden perfectamente de qué estás hablando. Saben quiénes son los acosadores en el grupo, pero muchos de los que persiguen a los otros no escuchan o no piensan que se refiere a ellos. Considero que esta clase de aproximación tampoco ayuda a las víctimas. Estos niños no quieren ser vistos como los más débiles, los que no pueden arreglárselas, es decir, aquellos de quienes todos sienten lástima. Y algunos ingenuos se preguntan si se refiere a ellos.

Es mucho mejor ser francos y no indecisos. De modo que yo establezco las normas y digo a los niños: "Estas son mis normas; si las incumplís, hacedlo por vuestra cuenta y riesgo". Se lo digo con una sonrisa, pero saben que va en serio. Después, los niños aprecian los límites y se sienten seguros. Me cercioro de que todos conocen las normas y luego, si hay una pelea o un indicio de acoso escolar, digo: "Por favor"… espero… señalo la lista de normas… y la cosa pasa. ¡Los niños necesitan esta clase de seguridad!».

En su clase de preescolar, Kiera tiene un gran cartel en la pared principal. En él se puede leer: «Todos somos amigos y todos podemos jugar» y las palabras están rodeadas con ejemplos de dibujos de los niños. Ella explica:

«Los niños más pequeños no saben leer las palabras del cartel, pero todos los días nos ponemos en corro y las decimos todos juntos. Después, si veo que un niño, o una niña, invita a jugar a un compañero tímido, puede poner uno de sus dibujos en la pared junto al cartel. Espero que los niños se fijen en los dibujos y recuerden la clase de acciones que representan. Pienso que de verdad funciona».

Liam se propone ofrecer a sus alumnos de cinco años la posibilidad de elegir y promueve la toma de decisiones y la resolución de problemas. Y explica:

El acoso escolar en la infancia christine macintyre

«Cuando veo una pelea, trato de proponer diferentes maneras de hacer las cosas. Por ejemplo, había dos niños peleándose por montar en bici. Les pedí a los dos que se calmaran y después les propuse alternativas. "Si seguís peleándoos", les expliqué, "los dos resultaréis heridos y habrá pasado el tiempo de montar en bici. Ninguno de los dos disfrutará de su turno. ¿Es una buena idea? ¿Qué otra cosa podríamos hacer?". A veces los niños sugieren ideas o uno tiene que estar preparado para decir, por ejemplo: "Si pongo el gran reloj de arena para el turno de Jack y te aseguro que después tendrás el mismo tiempo, ¿estás de acuerdo?". Así, de alguna manera dejo que decidan ellos y, si puedo, después les pregunto si ha surtido efecto. Si dicen que ha funcionado, trato de explicar que siempre hay soluciones mejores que las peleas. Un día vimos que mientras dos mirlos se perseguían en el jardín, un petirrojo se llevó la comida en el pico. Les pregunté si los pájaros les recordaban a alguien, y ellos asintieron y sonrieron».

(Véase el poema «Los dos gatitos», del capítulo 6, donde se ilustra esto perfectamente).

Liam explicó que tuvo otra idea cuando vio a unos mellizos riñendo para saber a quién de los dos le tocaba la parte más grande de la manzana a la hora del recreo. La solución fue dejar que uno de ellos dividiera la manzana y el otro eligiera en primer lugar. ¿El resultado? «Nunca se ha visto una manzana dividida tan equitativamente». Así, el hecho de ayudar a los niños a visualizar alternativas y formas mejores de hacer las cosas podría reducir el acoso escolar, pero el profesional necesita tiempo para aprender esta estrategia y las dos partes tienen que ponerse de acuerdo en que la solución es justa.

Así, cuatro estrategias muy diferentes muestran que profesores diferentes, posiblemente a través de la técnica de ensayo y error en diferentes contextos, encuentran su mejor solución.

Pregunta 7: ¿Hay niños que son más susceptibles de ser acosados que otros?

Los profesores de educación infantil compartieron sus observaciones para elaborar esta lista. No dudaban de que las víctimas más probables eran:

- Niños frágiles; por ejemplo, niños pequeños o de constitución débil que no se encuentran entre los «chicos grandes». Pueden ser etiquetados porque parece improbable que tomen represalias.
- Niños vulnerables que parecen acobardados o reacios a participar, que tienen miedo de ser heridos o temen que serán incapaces de arreglárselas por sí solos.
- Niños que no pueden seguir las normas no escritas del juego de otra persona, de modo que quedan excluidos. No se les permite jugar y esto duele.
- Los que son diferentes de cualquier manera que les hace destacar del resto; por ejemplo, porque son niños sucios o con sobrepeso.
- Niños que tienen discapacidad o diferencias de aprendizaje, como la dispraxia, el trastorno por déficit de atención con hiperactividad (TDAH), el síndrome de Asperger o el síndrome de Tourette, porque es posible que sus dificultades no sean comprendidas y que otros niños no entiendan por qué no dejan de golpearse continuamente, hacen mucho ruido o no responden como los demás a las propuestas que se les hacen. Resulta interesante que con frecuencia los que tienen diferencias evidentes, como los niños con síndrome de Down, son cuidados e incluso agobiados con atenciones benévolas, lo cual muestra que la compasión puede ser intuitiva o se puede suscitar en la mayoría de los niños. No obstante, es triste que estos niños puedan ser también objeto de insultos hirientes.
- Los niños más hábiles que conocen todas las respuestas y conversan de formas más adultas. Pueden provocar resentimiento si se les dan materiales curriculares diferentes o actividades más estimulantes, o si el profesor

les dedica demasiado tiempo. Y pueden ser aislados o llamados cretinos porque usan un vocabulario difícil o técnico que los demás no comprenden.

- Aquellos a quienes les resulta difícil avanzar, tal vez porque no tienen buena memoria y necesitan recordatorios constantes, de modo que las instrucciones interrumpen la fluidez de la enseñanza; aquellos que se hacen un lío incluso con tareas fáciles; los que tienen dificultades cuando se cambia la rutina; los que no pueden encontrar sus pertenencias y tal vez toman inadvertidamente las de otros; los que descargan su frustración sobre otros.
- Niños que tienen hábitos que ofenden a los demás.

Pero siempre hay excepciones. Escuchemos a David, que explica el apuro en que se encuentra:

«Mi hijo, Gordon, es alto y fuerte. Es muy amable y solía cuidar de su hermano, de modo que pensé que no tendría ningún problema al comenzar la educación infantil. Al principio se sentía feliz, pero después de una o dos semanas, ya no quería ir al colegio y cuando le pregunté por qué, me dijo que un niño le pegaba.

Le dije: "Estate atento y no te acerques a él", pero el otro niño buscaba a Gordon. Después de unos días, al ver que la situación no mejoraba, decidí ir al colegio para hablar con los profesores. Ellos estaban asombrados. "¿Quién es?", preguntaron, y cuando apareció el "culpable", casi me caigo del susto. Era un niño canijo, que no le llegaba a Gordon a la altura del codo. Gordon podía haberlo solucionado solo. Los profesores no sospechaban que mi hijo, aparentemente feliz y despreocupado, estaba sufriendo, pero le dijeron: "Habla siempre con nosotros; eres un chico bueno por no devolverle el golpe". En privado, uno de ellos me confesó que "es frecuente que los pequeños y rápidos sean los peores"».

Así pues, no se puede dar nada por supuesto. Tener una constitución alta y fuerte no exime automáticamente a los niños de ser acosados.

Pregunta 8: ¿Dejan los niños de acosar cuando se hace que tomen conciencia de los efectos del acoso?

Esperamos que la respuesta a esta pregunta sea un «sí» inequívoco, pero algunos niños no han desarrollado aún el altruismo o la empatía que les permiten comprender la perspectiva del otro o los efectos de sus acciones. O tienen otras razones para continuar, como el hecho de que es la manera más rápida y segura de conseguir lo que quieren.

Grace, experimentada directora de enseñanza primaria, explica:

«Espero que el acoso escolar esté menos extendido que antes, pero, tristemente, sospecho –de hecho, sé– que sigue habiendo acosadores en todas las aulas. La proporción profesores/estudiantes es más alta en las guarderías que en los cursos de enseñanza primaria, y hay momentos más difíciles de supervisar a medida que los niños crecen, incluso cuando van de un aula a otra o cruzan la entrada. Hay niños que empiezan a acosar cuando están fuera y parecen cándidos e inocentes cuando se les aborda después del recreo. A los niños acosados les permitimos que se queden en la entrada y un responsable del recreo permanece con ellos. Como queremos que tomen aire fresco, no es la solución óptima, pero es mejor que soportar las molestias de otros. Por supuesto, estos planes pueden llevar también al acoso escolar cuando les dicen que son unos miedicas y que les asusta salir a jugar».

Naturalmente, la situación dentro del centro plantea otra serie de problemas. Grace continúa:

«Los niños son mucho más conscientes de las oportunidades que tienen para molestar a medida que crecen y a veces pienso que hacen pruebas para ver hasta dónde pueden llegar. Algunos de ellos saben que los profesores no pueden recurrir a muchos castigos y una reprimenda no les preocupa –de hecho, la consideran una "bonificación"–. Así, los niños que se encuentran por casualidad en medio son golpeados por los alumnos violentos que se apiñan en los pasillos estrechos. Siempre son los mismos y a veces los profesores pueden pensar que los niños golpeados reaccionan exageradamente con sus gritos o alborotando, pero, por supuesto, esto no sirve de excusa para la conducta agresiva ni reduce el daño sufrido.

A los niños les resultan mucho más evidentes las diferencias entre las habilidades académicas de los niños en la enseñanza primaria, porque en este momento pueden estar esforzándose por alcanzar los objetivos. Tenemos grupos para diferentes temas y tratamos de mezclar a los niños socialmente cuando podemos, pero ellos saben quiénes son los niños de los grupos que mandan. No importa de qué manera disfracemos los nombres. A algunos niños y a algunos padres puede resultarles muy difícil aceptar que a otros niños les cueste menos aprender, y cuando establecen comparaciones, reaccionan de formas negativas y contraproducentes. Recuerdo un artículo titulado "Reírse". El autor era David Wood, si mal no recuerdo, y explicaba que los niños que no rinden como se debe reaccionan con frecuencia diciendo "no me importa", de modo que cuando no obtienen el título, pueden explicar que no se estaban esforzando. Estoy seguro de que incluso algunos niños de corta edad hacen esto mismo».

Al preguntarle cómo afronta este problema, Grace explica:

«Tratamos de hacer hincapié en que ser solícitos y amables es muy importante, y todos ellos son capaces, pero, naturalmente, no se obtiene una nota o un título cuidando de otros, de modo que los niños –¡y también los padres!– piensan que esto tiene menos importancia. De alguna manera, nuestras prioridades educativas están equivocadas».

(Véanse estrategias e ideas para detener el acoso escolar en el capítulo 6).

A continuación preguntamos a Grace sobre los niños dotados y con talento. La nueva insistencia en el reconocimiento y los informes sobre sus habilidades ¿hace que sean más propensos al acoso escolar? Ella responde:

«También en este caso depende del niño. Algunos se sienten muy seguros de sí mismos, les encanta ir por delante y, si les molestan, se encogen de hombros, porque tienen las destrezas y habilidades que son importantes para ellos. Parece que no se preocupan o que ni siquiera toman nota si son excluidos de los juegos porque, de todos modos, no quieren participar en ellos. Prefieren investigar un tema preferido antes que jugar al fútbol. En una ocasión escuché a un niño que decía a otro compañero inteligente: "Cuando crezca, seré más rico que tú, porque no sabes jugar al fútbol". La respuesta fue: "Pero yo estaré en el continente africano ayudando a los niños pobres. Esto es mucho mejor que dar patadas a un balón".

Por supuesto, otros niños dotados y con talento suspiran por ser uno más en el grupo, y los acosadores pueden hacerles daño con los mismos insultos que dirigen a los otros. A veces, en clase, estos niños hacen mal las tareas solo para probar que son iguales que los demás. De repente pueden dejar de responder o de ofrecerse como voluntarios para asumir una responsabilidad. Niegan la idea de que están dotados y tienen talentos porque estos hacen que sean diferentes. Es un verdadero desafío mantener la enseñanza en el nivel correcto sin aislarles. No podemos permitir que rindan por debajo de sus posibilidades».

Pregunta 9: ¿Cuáles son las formas más comunes de acoso en el marco escolar?

Leah, una profesora de educación infantil, comenta:

«Especialmente en los últimos cursos de primaria, la conducta de acoso escolar es más difícil de detectar. No es el puñetazo rápido o el insulto, sino más bien incidentes encubiertos que son difíciles de probar. Ocultar las cosas de alguien o estropearlas... amenazar que pasará algo si... decir a alguien que será excluido... reírse de la ropa o el calzado de alguien... todo esto hiere, pero no se hace cuando puede verlo un profesor.

El acoso escolar en la infancia christine macintyre

Luego están los padres. También ellos pueden ser acosadores. Uno pensaría que quieren trabajar de acuerdo con el colegio y, de hecho, así sucede en muchos casos, ¡pero no faltan sorpresas! Con mucha frecuencia, los padres agobian a los niños. He observado que los niños que acosan suelen tener miedo de defraudar a sus padres. Las expectativas de los padres pueden carecer totalmente de realismo, habida cuenta de las habilidades de su hijo, e incluso a la luz de sus propios logros. Algunos culpan a sus hijos por la falta de éxito y otros culpan al colegio. Si a los profesores se les dice que los informes enviados a los padres deben contener únicamente comentarios positivos, muchos padres se hacen una idea poco realista de lo que sus hijos pueden conseguir, y cuando el trabajo se hace más formal y el progreso se reduce, los padres culpan al personal docente. Todo esto añade presión tanto para nosotros como para los niños».

Leah continúa:

«Amén de esto, algunos niños se divierten acosando. Cuando pregunté a Tom por qué se portaba mal con Andrew, me dijo que era "porque se pone a llorar enseguida; porque es un bebé". Tom no dio muestra de sentirlo en modo alguno; de hecho, disfrutaba burlándose de otros niños, incluso si esto le causaba problemas. Así de implacables pueden ser algunos niños de seis años».

Y sigue explicando:

«Otra dificultad es que cuando una clase de conducta es calificada como acoso escolar y, por tanto, inaceptable, los acosadores pueden recurrir a otra. Y es frecuente que a las víctimas les resulte imposible explicar lo que ha pasado porque se les ha dicho "que no se chiven", lo cual significa que los pasos para resolver el problema se pueden retrasar. Cuando le dije a Josie: "Te estoy vigilando y no permitiré que pegues a nadie", ella se retiró, pero después la sorprendí molestando al mismo niño. "No le he pegado", gritó, "¡y no puedes echarme la culpa!". Tuvimos que encargar a un miembro del personal del centro la tarea de vigilarla específicamente, porque algunos de los niños más tímidos tenían miedo de que les pegara; no sabían lo que ella podría hacerles y esto afectaba a la confianza en sí mismos. Uno o dos niños no se separaban de los profesores ni querían salir fuera a jugar, y esto no es aceptable».

Los padres de Josie no querían reconocerlo. «"Ella no es agresiva en casa", aseguraban, y con ello querían decir que era culpa nuestra o estábamos inventándolo, y eso era todo». Y como los niños pueden imitar la actitud de sus padres, los problemas persisten.

Pregunta 10: ¿Cambia el tipo de acoso escolar?

Grace planteó la cuestión del cambio de tipo de acoso escolar cuando los niños crecen. Bee (1999) realizó una investigación sobre el tipo de acoso escolar y separó los resultados en función del género. He aquí el porcentaje de niños y niñas entre 4 y 11 años que muestran cada tipo de conducta según la valoración de sus profesores.

Tipo de conducta	Niños	Niñas
Se portan muy mal con otros	21,8	9,6
Ataques físicos	18,1	4,4
Se ven envueltos en muchas peleas	30,9	9,8
Destruyen las cosas de otros	10,6	4,4
Destruyen sus propias pertenencias	10,7	2,1

El acoso escolar en la infancia christine macintyre

Bee explica que la diferencia de género es evidente ya a los cuatro años. Es mucho más probable que las niñas usen la agresión relacional (por ejemplo: «Mi papá irá a por ti... y es policía») o el soborno («No te invitaré a mi fiesta a no ser que...»), o que hagan gestos maliciosos. Es también revelador observar que las niñas tienden a acosar a otras niñas. También es más probable que vayan a quejarse a un adulto. Los niños, en cambio, tienden a usar la agresión física, pero se implican menos emocionalmente, al menos en la superficie. Ven el acoso escolar como lo más normal, algo que hay que esperar y soportar. Devuelven el golpe o se desmoronan, pero no suelen «contarlo» hasta que la situación se complica –y, naturalmente, las dificultades para el acosador y la víctima son mayores.

Estas diferencias muestran que hay distintas clases de conductas de acoso escolar dependiendo de las características innatas de los niños, incluidos tanto su género y temperamento como las experiencias culturales y ambientales que han tenido. La diferencia depende también del nivel de empatía y altruismo de cada niño, que son desarrollos clave para reconocer cómo se sienten los demás.

Así, la clase de conducta cambia con el tiempo, desde el abuso físico manifiesto en los primeros años hasta las insinuaciones disimuladas y astutas en los años siguientes. Bee (1999) explica el cambio de lo que ella llama «agresión instrumental» a la «agresión hostil». Un ejemplo de agresión instrumental podría ser un niño de tres años que empuja a otro para apoderarse de un juguete o sentarse en la primera fila. El niño empujado se encontraba en el lugar equivocado en el momento equivocado y no es propiamente una víctima, como en el caso en que la agresión es hostil. La frustración tiene aquí un papel muy importante. En los primeros años, los niños se sienten frustrados con frecuencia porque no se les permite hacer lo que desean; y como no pueden expresar esos deseos de forma coherente, expresan su frustración por medio de la agresión. Pero en la mayoría de los casos, a medida que los niños desarrollan destrezas de lenguaje y se vuelven capaces de realizar tareas más independientes, su nivel de agresión física se reduce.

La agresión hostil es diferente, porque consiste en actos premeditados y repetidos que se realizan sabiendo que causan angustia o daño físico en otras personas. En los cursos de enseñanza primaria, los niños, que tienen habilidades de lenguaje más desarrolladas, pueden usar la inflexión y la comunicación no verbal, o incluso el sarcasmo y las insinuaciones, para herir los sentimientos de otros. La herida puede ser producida por la manera en que se dicen las cosas más que por las palabras mismas. La variedad de las conductas de acoso escolar aumenta, pero los incidentes pueden ser difíciles de explicar o parecer insignificantes al contarlos. Esta es una razón por la que a los niños les resulta tan difícil explicar sus experiencias, y les impide compartir sus miedos.

El envío de SMS y mensajes de correo electrónico

Lamentablemente, los avances tecnológicos han abierto otra vía para el acoso escolar. Colin, director de un centro escolar, explica:

«Tuvimos una temporada en que los niños traían sus móviles al colegio. Estos se convirtieron en un símbolo de estatus y después hubo problemas cuando se los robaban o estropeaban, o cuando los perdían. Algunos niños empezaron a enviar mensajes de mal gusto, de modo que actualmente no está permitido usar los móviles en el colegio. Los niños tienen que entregárselos a los profesores al llegar y estos los cierran bajo llave. Si causan algún problema al venir al colegio o al volver a casa, les decimos que es posible rastrear el origen de todos los mensajes. Pero en realidad es responsabilidad de los padres. El personal docente no puede asumir responsabilidades por las acciones de los niños una vez que han salido del colegio. Algunos padres se quejan porque sus hijos tienen que sufrir en casa los insultos de otros en los *blogs*. El centro escolar necesita una política clara en la que se explique este fenómeno a los padres. Son ellos quienes tienen que lidiar con esta situación. No es cometido nuestro».

Pregunta 11: ¿Es el acoso escolar un problema común o se exageran desproporcionadamente uno o dos casos? ¿Cuántos niños dicen que han sido acosados o admiten que son acosadores?

Para responder a la cuestión de la frecuencia del acoso escolar, tenemos que conocer las estadísticas de los niños que cursan enseñanza primaria (Todd *et al.* 2004). También hemos de recordar que resulta difícil admitir –incluso de manera anónima– que se ha sufrido acoso escolar, y que estas cifran podrían ser solo la punta del iceberg.

Los principales hallazgos del informe de Todd *et al.* (2004) son los siguientes:

• Aproximadamente 1 de cada 12 alumnos dice que ha sido acosado en el centro escolar, y 1 de cada 20 dice que ha acosado a otros con una frecuencia de al menos cuatro veces en los dos últimos meses.

• Un porcentaje más alto de niños que de niñas informan de que han acosado a otros, mientras que los informes indican que el acoso escolar sufrido es el mismo en ambos géneros.

• Los informes de acoso escolar sufrido han disminuido entre 1994 y 2002.

• Las peleas son más comunes en los niños que en las niñas.

• Aproximadamente 1 de cada 7 alumnos dice que ha estado implicado en una pelea tres veces o más en el último año.

Resulta interesante observar que los investigadores (íbid.) descubrieron que en Escocia el número de niños que se peleaban era mayor que el de los que sufrían acoso escolar verbal, mientras que en Inglaterra el acoso escolar verbal era más frecuente que las peleas. En la tabla del Reino Unido obtenida a partir del estudio del predominio del acoso escolar, los datos relativos a Inglaterra eran más altos que los relativos a Escocia, y los de Gales se encontraban entre ambos. Los resultados en Irlanda eran los más bajos de las Islas Británicas (Todd *et al.* 2004).

Pregunta 12: ¿Es el acoso un fenómeno exclusivo de la infancia?

Aparentemente, el acoso tiene lugar también en la vida adulta; muchos adultos siguen siendo acosadores o víctimas. Murray y Keane (1998) han revelado algunas estadísticas aterradoras. En ellas afirman lo siguiente:

- El 20 por ciento de los niños tienen miedo de ir al colegio.
- El 38 por ciento de los niños que cursan enseñanza primaria informan de que les han molestado hasta el punto de que su estilo de vida ha sido perjudicado.
- El 15 por ciento de las mujeres han sido acosadas sexualmente.
- El 15 por ciento de los varones sufren acoso laboral.
- El 25 por ciento de los adultos, incluso personas ancianas, sufren acoso físico y/o verbal.
- El 14 por ciento de los suicidios están asociados con el acoso.

Se puede ver, por tanto, que el acoso causa un dolor y un daño enormes que pueden durar durante toda la vida, o incluso causar el final de una vida. La crueldad continua, real o incluso imaginada, puede minar la confianza y la competencia. La incertidumbre –es decir, no saber lo que va a pasar o dónde va a suceder– puede ser tan abrumadora como los mismos incidentes.

Pregunta 13: ¿Son iguales todos los acosadores?

Es importante distinguir entre los diferentes tipos, porque ahí se encuentra una pista para dar el tipo de apoyo más apropiado.

Acosadores reactivos

Los acosadores reactivos son niños que han experimentado una herida importante o se han visto abrumados por acontecimientos dentro de la guardería o del colegio, o en el hogar. Un divorcio, un duelo, incluso el traslado del mejor amigo... y los niños reaccionan pegando a otros para desahogar la frustración por su incapacidad de remediar la situación. Su deseo es recuperar la vida tal como era antes. Tienen que ser consolados y recibir el mensaje tranquilizador según el cual «está bien sentirse triste» (Collins 2005) y pronto vendrán tiempos mejores.

Acosadores angustiados

Los acosadores angustiados son los niños que muestran una inseguridad profundamente arraigada e intentan ganar estatus mediante el acoso escolar. Su autoestima es baja. El acoso escolar puede ser un mecanismo de autopreservación, pero otros niños pueden reconocer lo que está pasando y animar al niño a mantener la conducta inaceptable, tal vez para que los demás no centren la atención en ellos. Es posible que al niño angustiado le atribuyan un papel que no quiere desempeñar, pero no es capaz de descubrir cómo cambiarlo.

Acosadores que no rinden como se debe

Los acosadores que no desarrollan su potencial son niños que compensan su falta de progreso en las materias escolares acosando a otros. A menudo adoptan una actitud «despreocupada» o insisten en que «se divierten mucho», pero es posible que en el fondo estén desesperados.

Una estrategia que se puede aplicar en este caso consiste en asignar el mismo tiempo a las diferentes áreas curriculares y elogiar públicamente a los niños que hacen algo loable, como, por ejemplo, ayudar a recoger los libros o los balones, o llevar el dinero para el comedor al despacho correspondiente. Así, al niño se le da responsabilidad por tareas que merecen la pena. Es posible que esta estrategia sea rechazada al principio porque la responsabilidad puede ser exigente y llevar al fracaso, pero las tareas cuidadosamente escogidas pueden producir un sentimiento real de logro y confianza.

Acosadores que sufren acoso en el hogar

Muchos acosadores proceden de trasfondos problemáticos donde la conducta de acoso entre adultos y niños, y entre niños, es la norma. Estos menores están sometidos a numerosos problemas como la pobreza, el abuso, las drogas –y otros propios de la vida marginal–. Tal vez algunos padres o cuidadores apliquen una disciplina rigurosa, incluido el castigo físico, para hacer cumplir las normas. Este castigo puede ser imprevisto e impuesto sin que se haya cometido una fechoría obvia (para el niño). A veces, los problemas familiares hacen que unos miembros de la familia peguen a otros. Los niños pueden llegar a creer que tal castigo es merecido, de modo que crecen con una actitud de miedo, rebeldía o aceptación. Si el único modelo de imitación es el de la represalia física, los niños, a su vez, golpean, sin considerar las consecuencias, cada vez que se sienten frustrados o disgustados.

Es comprensible que no puedan racionalizar sus acciones porque han vivido en la situación descrita. No tienen otra experiencia en la que basarse. El personal docente no se inclina por la crítica a los padres, y esto hace que resulte difícil explicar la situación a los niños. Parece que la mejor estrategia inmediata es decir: «En esta clase, hacemos las cosas de esta manera…», aunque hay que explicitar ejemplos y debates.

Todas estas clases de acosadores necesitan apoyo y *feedback* positivo. Normalmente, estos niños están dispuestos a escuchar, valorar y consentir en cambiar sus acciones si estas son explicadas sin crítica. Sus acciones pueden ser un grito de socorro.

Acosadores sádicos

Y después están los acosadores «recalcitrantes» que no muestran consideración hacia los sentimientos de los demás. Se burlan de todo intento de razonar. Desafían a los padres y profesores. Parece que disfrutan causando dolor. No tienen altruismo o empatía. Se convierten en el «núcleo duro» de

El acoso escolar en la infancia christine macintyre

los acosadores y es posible que lleguen a descubrir que solo otros niños de mentalidad parecida les tolerarán como «amigos». De este modo se forman las «bandas». Parece que los acosadores de esta categoría no se preocupan por su bienestar o el de los demás. Es posible que tengan un trastorno de conducta como, por ejemplo, el trastorno de conducta oposicional u otro trastorno neurobiológico que requiera atención médica:

«Tenemos niños que se quedan mirándote fijamente y saben que son intocables hagan lo que hagan. Y, por supuesto, están respaldados por sus padres. La expulsión no es la respuesta, porque entonces esos niños se quedarán en casa viendo la televisión. Un solo niño con estas características echa a perder toda la atmósfera de la clase»

(Profesor de cuarto curso de primaria).

A estos niños puede resultarles difícil aceptar que necesitan ayuda para adoptar formas de comportamiento diferentes, y habitualmente negarán de manera enérgica que es preciso un cambio. Esto causa resentimiento, y muchos padres y profesores, después de haber probado todas las aproximaciones positivas y las técnicas para que los acosadores mejoren su actitud, quieren que sean expulsados del centro, porque dificultan el aprendizaje de los demás niños y pueden causarles daño tanto físico como emocional.

Pregunta 14: ¿Qué dicen los niños sobre las diferentes formas de acoso en la infancia?

Jake, un niño de siete años, explica:

«Lo peor del acoso es estar esperándolo. Sé que el hecho de que me insulten no me hace tanto daño como si me pegan, pero es horrible no saber cuándo va a suceder o si volverán a hacerlo. Y lo peor es que cuando empiezan, los niños con los que he estado jugando se van. No quieren que los acosadores les hagan daño, así que me dejan solo y tengo la sensación de que no puedo hacer nada. Si me chivo, entonces me siguen en el camino de regreso a casa, cuando mi papá no puede recogerme porque está trabajando. Antes me sentía feliz en este colegio y no sé por qué todo ha cambiado, pero no puedo aguantar mucho más. Mi papá dice que va a cambiarme de colegio».

Mariano, un niño de ocho años, cuenta su triste historia:

«He preguntado a mi mamá por qué me puso Mariano. En el patio me gritaban: "Mariano, el que se caga en la mano", y también: "Mariano, cara de ano". A Rufino le insultaban diciéndole: "Rufino, cara de pepino". Solíamos estar juntos y fingíamos que nos reíamos de ellos. Era más fácil cuando estábamos los dos. Mi mamá dice que no les haga caso y que ya se aburrirán, pero ¿cuánto tendremos que esperar? El profesor dice que les gritemos: "Los palos y las piedras me partirían los huesos, pero los insultos nunca me harán daño". Sin embargo, ellos no dejan de insultarnos».

Gail, un niño de 10 años, descubrió lo siguiente:

«Es mejor si te pegan, porque entonces puedes ir al colegio y no te insultan. Y a veces la persona que te cuida se queda un rato para hablar contigo. Si solo te insultan, nadie se preocupa».

Estos tres niños han identificado la soledad de la víctima como algo muy difícil de afrontar. Una de las estrategias que se suelen sugerir a las víctimas es «permanecer en un grupo, porque los acosadores suelen meterse con niños que están solos». ¿Funcionó esto para Jess? ¡No! «Trato de estar con los demás», explica, «pero se van a sus grupos y me dan la espalda. ¿Por qué nadie quiere ayudarme?».

Hay muchas conductas que aíslan y socavan la autoestima de los niños.

Pregunta 15: La forma en que reacciona la víctima ¿sirve de apoyo al acosador?

Ningún niño debería tener que adoptar un mecanismo de defensa para reducir las posibilidades de ser acosado. «Todo niño debería ser capaz de ser él mismo» (Todd *et al.* 2004). No obstante, Byrne (2003) insiste en que «la reacción a un comportamiento negativo es crucial para determinar si ese comportamiento se repetirá». Él sostiene que «si bien casi todos serán puestos a prueba, no todos serán acosados» (íbid.), y con ello sugiere que la observación de la reacción del niño a los acontecimientos ofrece una pista para la intervención. Llevados por el sentido común, los padres y los profesores suelen desear que el niño acosado «se defienda por sí solo o se ría; de algún modo tienen que mostrar que no les preocupa lo que hagan los demás». Esto es muy difícil y, al mismo tiempo, puede dar más poder a la víctima (véanse estrategias e ideas en el capítulo 6).

La única solución segura para el centro escolar es explicar a los niños que acosan que, si no cambian su conducta, en un plazo de tiempo muy breve no caerán bien a nadie. Y si esta primera comunicación no surte efecto, entonces será necesario recurrir a las sanciones, e incluso a las expulsiones. La orientación proporcionada en Irlanda (Department of Education 1993), donde la incidencia del acoso escolar era menor que en el Reino Unido, afirma explícitamente:

- Si estás implicado, se te advertirá para que no continúes. Un segundo suceso significa que se tomará nota en el libro de incidentes.
- Si continúas, se informará a tus padres y perderás tus privilegios.
- Si el incidente es serio, serás expulsado.

El personal docente afirma que dar a conocer a los niños que todos los casos de conducta inaceptable serán registrados es un medio disuasorio eficaz.

Pregunta 16: ¿Cómo pueden los profesores proteger a los niños del acoso?

La acción clave es ofrecer tranquilidad y, por tanto, ayudar a los niños a sentirse seguros. Un grupo de profesores de primaria que formaban un grupo anti-acoso proporcionó algunas estrategias que han resultado útiles. Ellos mismos eligieron los seis consejos más útiles:

- Si la víctima ha revelado el problema, elogia el valor que ha tenido al darlo a conocer.
- Asegura a la víctima que el problema es de los acosadores y ella no es culpable.
- Dile a la víctima que comprendes su angustia y sabes cuál es la causa de esta, y que estás dando los pasos necesarios para impedir que el acoso escolar vuelva a producirse.
- Establece un encuentro con el niño en la semana siguiente, de modo que sepa que el interés por su situación sigue vivo y que el acosador está siendo observado.
- Determina quiénes son los posibles acosadores en la clase del niño, porque tal vez esté siendo acosado por más de un compañero, y establece medidas de protección básicas, como: «Permanece cerca del supervisor en el patio», o «Quédate dentro durante una parte del recreo».
- Pregunta al niño acerca de las estrategias que él haya podido considerar, como el hecho de sonreír, ofrecer el perdón al acosador o ser fuerte, diciendo cosas como: «No quiero un amigo como tú».

En los encuentros cara a cara, el grupo decidió preguntar a los niños que eran víctimas de acoso escolar:

- ¿Quién es el niño más amable en tu clase?
- ¿Quién estaría dispuesto a defenderte si el profesor le encomendara esa tarea especial?

- ¿Piensas que el acosador comprende cómo te sientes? ¿Deberíamos explicar a los demás que no eres feliz?
- ¿Vive el acosador cerca de tu casa?
- ¿Qué podemos hacer para que vuelvas a sentirte seguro?

También se animó a los niños a que realizaran alguna forma de adiestramiento asertivo (véase el capítulo 5).

Pregunta 17: ¿Y los acosadores? ¿Necesitamos escucharlos?

Ciertamente los acosadores deben tener una oportunidad de explicar cómo entienden ellos los acontecimientos, por varias razones:

- Es posible que nadie les haya explicado lo que es un acosador, y que los niños considerados culpables no hayan llegado a entenderlo por sí mismos.
- Quizás la víctima haya exagerado desproporcionadamente el daño involuntario que le han causado.
- Tal vez la víctima esté dando demasiada importancia al episodio. (Esta es la razón por la que en el registro de la conducta de acoso escolar se insiste con frecuencia en el calificativo «repetitiva»).
- Es posible que los acosadores sean presuntuosos y agresivos para ocultar sentimientos de inadecuación y baja autoestima.

Es fundamental que el encuentro con los acosadores se produzca en un clima de calma, si es posible expresando respeto a los niños a la vez que se critica su conducta. Cualquier otro escenario podría hacer que el resultado fuera peor para la víctima porque los acosadores podrían elegir otros muchos lugares apartados. Nótese que no se ha de pedir a víctimas y acosadores que expliquen juntos sus desacuerdos o quejas si la víctima no ha asegurado antes al personal docente que esto es aceptable. Si optan por esta fórmula, el uso de la estrategia de los «seis sombreros para pensar» de Edward de Bono es una manera útil de hacer frente a la situación (véase el Apéndice).

Pregunta 18: ¿«Cuentan» los niños siempre lo que pasa?

Lamentablemente, hay una regla, no escrita pero perdurable, según la cual «chivarse» es inaceptable. Los niños tienen que comprender la diferencia entre esto y una actuación responsable, y hay que asegurarles el apoyo si lo hacen. Los profesores, bien abiertamente a través de explicaciones o bien de un modo más oculto proporcionando oportunidades para un momento privado con algunos de los niños, tienen que crear una atmósfera donde se pueda hablar con seguridad.

Es frecuente que los niños autistas no cuenten lo que les está pasando porque no comprenden que sus padres y profesores aún no lo sepan. Esto es muy triste para ellos, porque se les niega la protección, y es enormemente desconcertante para sus padres, porque siguen –como otras muchas veces– sin entender nada. No obstante, es un consuelo para ellos reconocer que un aspecto de la condición de su hijo –a saber, el hecho de que no es capaz de interpretar la comunicación no verbal de otros– podría protegerle de las miradas de reojo y despectivas que suelen ser tan hirientes.

Otras muchas víctimas no dicen nada porque sienten que son culpables.

> «Desearía poder gritar: "Piérdete", pero no puedo. Un profesor me puso delante de un espejo y me mandó que practicara diciendo: "No quiero un amigo como tú", pero cuando lo intenté, ese chico horrible gritó: "Tienes tu oportunidad" y los otros se echaron a reír. Trato de no ser una víctima, pero de todos modos me hacen daño. No es justo, porque no me porto mal, pero tampoco tengo amigos».

A veces, las víctimas que han tratado de contar lo que les está pasando sienten que sus preocupaciones se desvanecen. Rob explica:

«Mi papá me dice que el acoso escolar no es más que una parte de la vida en el colegio, y que cuanto antes aprenda a lidiar con él, tanto más fácil me resultará hacerle frente. Un día me dijo: "Saca pecho, enséñales de qué estás hecho, diles que no estás dispuesto a aguantar ninguna de sus tonterías", y surtió efecto. De hecho, uno o dos niños me propusieron formar un grupo nuevo porque tampoco ellos querían ser acosados. Así que me sentí como un líder».

Pregunta 19: ¿Acosan los profesores?

En opinión de los niños, e incluso de algunos colegas, está claro que algunos profesores ciertamente acosan. Helen, de seis años de edad, cuenta su historia:

«Estoy haciéndolo lo mejor que puedo, pero sé que otros tendrán dibujos mucho mejores que los míos y serán mejores también en todo lo demás. Cuando la profesora se acerca, sé que va a gritar mi nombre. Dirá: "Vamos, Helen. Puedes hacerlo mejor", y los demás se reirán disimuladamente. Siento un nudo en el estómago y tengo que apretar los ojos para no llorar. A veces ella añade: "Ya te lo he dicho", y sé que ella lo ha hecho, pero no puedo recordar qué me dijo. Así que no puedo hacerlo y vuelvo a tener un problema.

Cuando hago las cosas mal en casa, mi mamá me dice: "¡Válgame Díos…!", pero sé que a los profesores no se les permite decir cosas como esta. Pero eso es lo que piensan, de modo que trato de pasar el día y juego en el parque al regresar a casa. Me gustaría tener un amigo que me acompañara».

Helen pone de relieve la soledad que suele ir unida al hecho de ser víctima. No sorprende que sienta una cierta desesperación.

Al analizar esto, los profesores hicieron una lista de cosas de su experiencia del pasado y del presente que podrían ser calificadas como acoso escolar:

- Pronunciar el nombre de un niño con demasiada frecuencia.
- Prestar muy poca atención a un niño.
- Dar demasiadas instrucciones, por ejemplo: «Haz eso y después aquello», cuando esto les resulta imposible a algunos niños que han estado planificando y secuenciando las dificultades.
- No adaptar las diferencias de aprendizaje en términos de ritmo o diferenciación.
- Insistir en cambiar una actividad cuando los niños están absortos en lo que están haciendo en un momento dado.
- Hacer que los niños retiren objetos de otros niños u ordenen sus cosas.
- Decir que el trabajo de un niño es bueno y no comentar el de otro.
- Mirar al resto de la clase cuando un niño está hablando, de modo que este comprende que el profesor está distraído.
- No asignar a todos y cada uno de los niños tareas responsables, sino implicar solo a unos pocos.
- Ser brusco cuando un niño tiene dificultades; por ejemplo: «Oh no, otra vez, realmente tienes que aprender...».
- No sonreír suficientemente para animar al niño a sentirse relajado.
- Cambiar la rutina prevista para un determinado día (lo cual puede incomodar a muchos niños)
- Poner demasiados deberes, de modo que algunos niños, menos capaces intelectualmente, pasan todo el día y la mayor parte de la tarde dedicados a ellos, pero son incapaces de terminarlos. No pueden liberarse del sentimiento de fracaso y aumenta su resentimiento.

¡Tales posibilidades hacen que todos se paren a pensar!

Pregunta 20: ¿Saben siempre los profesores lo que sucede?

Hasta que los niños cuentan lo que está pasando –y esto puede ser extremadamente difícil cuando los sentimientos de culpa o fracaso se combinan con la reticencia natural de muchos niños a protestar o destacar en el grupo–, es posible que ni siquiera los profesores más afectuosos se den cuenta realmente.

El acoso escolar en la infancia christine macintyre

Muchos niños aprenden a ocultar sus emociones, de modo que las expresiones faciales e incluso el lenguaje corporal (es decir, las comunicaciones no verbales) no dan indicios de cómo se sienten realmente. Así, las víctimas explican sus lágrimas como «un dolor de barriga», mientras que los niños acosadores pueden sentirse libres de culpa. A veces los niños reprimen todos los signos exteriores de infelicidad mientras están en el centro escolar y estallan cuando van a casa. O puede haber signos más sutiles; y en un aula ajetreada de más de veinte menores, las exigencias de cumplir el plan de estudios pueden impedir que el acoso escolar sea reconocido.

Y, por supuesto, es posible que los profesores no comprendan cuál es la imagen que los niños tienen de ellos. Al reflexionar sobre los años escolares, muchos adultos recuerdan en primer lugar al profesor que les hizo sentir angustia e incluso les impidió correr riesgos porque hacer algo mal merecía un castigo. ¡Qué complejo es todo!

2

Blancos principales: niños con dificultades de aprendizaje

Quería ir hoy al colegio.
Pensaba que las cosas irían mejor.
La profesora dijo que iba a actuar.
Mi mamá había enviado una carta.

Pero empecé a temblar
al ver a esos chicos grandes.
No había nadie que les apartara,
y tuve que echar a correr.

No sé por qué me acosan,
no tengo la culpa de ser cojo,
nadie quiere jugar conmigo.
Siempre me echan la culpa.

Joseph, de nueve años de edad

A veces, el acoso escolar no es solo lo que los demás hacen, sino lo que no hacen para ayudarte.

La política de inclusión significa que un número mucho mayor de niños con un abanico de necesidades más complejas son educados en aulas convencionales. Con un apoyo sólido y provisión de recursos, algunos pueden sacar partido de las oportunidades e interacciones sociales que proporciona

El acoso escolar en la infancia christine macintyre

el marco convencional, pero para otros «el aula llena de ruido y ajetreo puede aturdir y confundir» (Moore 2004). El marco mismo puede incrementar la vulnerabilidad porque proporciona una sobrecarga sensorial y hace que los niños sean menos capaces de afrontarla. Así, la política de inclusión puede significar también que algunos niños con dificultades de aprendizaje pueden ser propensos a ser acosados, especialmente si los otros niños no comprenden cuáles son sus dificultades o si sus padres no les ofrecen la atención extra o la provisión de recursos que ellos requieren.

Parece que algunos niños con diferencias de aprendizaje se adaptan a los marcos convencionales con más facilidad que otros. Muchos niños con síndrome de Down, por ejemplo, tienen mejores habilidades sociales que los del espectro autista, y esas destrezas les ayudan a arreglárselas por sí solos. Es posible que algunos de esos niños tengan dificultades de lenguaje, pero su comprensión es buena y a menudo sonríen, y son comunicativos y responsables, especialmente en los primeros años. Esto les ayuda a hacer amigos y, como resultado de la interacción con los iguales que se expresan bien, sus habilidades lingüísticas mejoran y, aun cuando su coeficiente intelectual es menor, muchos superan las primeras expectativas (Buckley 2007). Aunque estos niños rinden más con un plan de estudios centrado en las habilidades visuales –que exige a los profesores tener recursos especiales–, otros aprendices visuales se benefician también, y esta situación puede fomentar las interacciones y el aprendizaje compartido. Además, el hecho de que otros niños reconozcan las características del síndrome de Down ayuda a nutrir la empatía y el altruismo en otros, especialmente si los niños elegidos o que se prestan como voluntarios para ser «amigos responsables» son elogiados abiertamente por el apoyo que prestan. Aun cuando los niños con síndrome de Down puedan tener berrinches a los cuatro años de edad –recordemos que es más frecuente que las rabietas estén asociadas con la etapa de los dos años, pero esta se pospone debido al desarrollo más tardío en estos niños–, no hay en ellos dificultades de conducta sostenidas y perjudiciales asociadas con su situación, y esto facilita su aceptación entre los profesores y otros padres. Así, es más probable que estos niños sean menos acosados que otros con necesidades especiales; de hecho, pueden ser agobiados por niños que desean cuidar de ellos y hacer por ellos cosas que podrían hacer perfectamente por sí mismos. No obstante, a medida que crecen, un mayor número de niños con síndrome de Down serán acosados, especialmente por otros niños que no comprenden lo que les pasa, o por los que reaccionan contra el hecho de que se burlen de ellos, o por los acosadores sádicos que buscan víctimas «fáciles».

Cuando le preguntaron sobre los incidentes de acoso escolar contra una amplia gama de niños con necesidades de apoyo adicionales, Pamela, directora de un centro escolar, respondió:

«Es muy triste que niños que tienen ya dificultades extra para afrontar las actividades de la vida diaria, y/o el contenido del plan de estudios, sean con mucha frecuencia blanco de los acosadores. Pongo en duda que haya un colegio dispuesto a afirmar que esto no sucede. Muchos de nuestros alumnos con necesidades de apoyo adicionales pueden sentirse desconcertados porque no entienden la causa o la intención de las burlas y, por tanto, no saben cómo responder. Es posible que no entiendan el lenguaje o el significado de lo que les dicen; dan la impresión de que se van a echar a llorar y esto puede animar a los acosadores a seguir adelante. Peor aún, tal vez estos niños no sean capaces de visualizar lo que implica la realización de las instrucciones de un acosador. Llevados por su deseo de tener un amigo, hacen lo que se les dice. Esto puede implicar que corran riesgos, con resultados a veces peligrosos. Como mínimo, la posible amistad, es decir, la "recompensa", no se materializa, y esto puede ahogar esperanzas y sueños; en el peor de los casos, los niños pueden quedar marcados física y mentalmente. Tratamos de asegurar que cada niño tenga un "amigo responsable", pero como cada vez es mayor en todos los colegios el número de niños con toda una variedad de necesidades, puede resultar difícil encontrar menores que prefieran entablar amistad con un niño menos capaz en vez de jugar al fútbol. Y, por supuesto, como muestran las estadísticas y la realidad, hay muchos más niños que niñas, y es posible que los niños se nieguen a tener una niña como "amiga responsable". A veces, un niño renuncia a juzgar al fútbol para entablar amistad con otro que tiene necesidades adicionales de apoyo y después resulta que este cae enfermo con frecuencia y aquel siente que ha perdido por los dos lados. Además, naturalmente, proporcionar un "amigo responsable" puede ser una manera de etiquetar a los niños. ¡Se necesita la sabiduría de Job para acertar!».

Pamela plantea la cuestión de los niños con dificultades que caen enfermos con frecuencia. ¿Son menos sanos que otros niños? ¿Podría estar esto relacionado con el acoso escolar?

Carter (2000) explica que incluso la idea de pensar que uno va a ser acosado produce un gran estrés, y si este se mantiene día a día, se activan las hormonas del estrés. Estas deberían cumplir la función de apoyo del sistema inmunitario, pero cuando se les pide que desempeñen una función diferente, el sistema inmunitario está menos protegido y los niños pueden quedar expuestos a enfermedades e infecciones y a no ir al colegio. Esto último puede ofrecer un alivio temporal del acoso escolar, pero la educación del niño se resiente y entra en escena otra fuente posible de acoso escolar: el hecho de quedarse rezagados.

Una consecuencia extremadamente preocupante del acoso escolar severo es que la víctima puede quedar a merced de lo que a juicio del espectador son fobias irracionales (Carter 2000). Si las víctimas están traumatizadas, tal vez no sean capaces de recordar la cara del acosador o de empezar a describir el incidente. Más tarde, sin embargo, incluso cuando están seguras y lejos de la fuente de estrés, pueden desarrollar fobias al cabello pelirrojo o a los ojos azules, o a cualquiera de las características del acosador. Esto puede ser inexplicable para los cuidadores y debilitar a la víctima mucho después de que haya sucedido el incidente de acoso. Es posible que los padres y el personal docente no comprendan que la dificultad ha sido causada por las hormonas del estrés activadas por el incidente. Esto puede hacer también que los acosadores no sean descubiertos, porque las sospechas no son suficientes. Se necesitan pruebas reales para justificar la intervención.

Trastornos del espectro autista

Escuchemos ahora a algunos padres. En primer lugar, a Charlotte Moore, madre de George y Sam, dos niños autistas muy diferentes. Charlotte es la autora del maravilloso libro *George and Sam* (Moore 2004). Basándose en sus propias experiencias y en las conversaciones con padres de hijos con necesidades de apoyo adicionales, está segura de que los niños que son diferentes «serán acosados –es lo más normal–; y no lo dicen porque piensan que ya lo sabemos». Dado que George y Sam tienen dificultades para interpretar la comunicación no verbal de sus iguales –y estas dificultades son síntomas de autismo–, les resulta difícil reaccionar adecuadamente en contextos diferentes y cambiantes, y esta diferencia lleva a que se metan con ellos. ¿Por qué no explican su difícil situación o piden ayuda? Charlotte Moore revela que sus hijos «pensaban que ella ya lo sabía». Ellos no comprendían que ella no pudiera conocer lo que sucedía cuando no estaba presente. Esto plantea un problema totalmente nuevo para los profesionales que cuidan de niños en el espectro autista. Si estos niños no explican –o no pueden explicar– lo que pasa, entonces las observaciones de los profesionales han de ser continuas y más perspicaces. Quizá los profesionales tengan que explicitar su falta de comprensión de los acontecimientos diciendo a los niños: «Yo no estaba allí y no se lo que pasó. Por favor, contadme todo lo que sepáis». Al mismo tiempo, tienen que reconocer que la memoria de los niños acosados puede estar «paralizada» por las hormonas del estrés, y esa petición podría ser inapropiada. Tal vez los «amigos responsables» tengan que compartir esta comprensión y desarrollar la sensibilidad de sus ojos y oídos.

Otra parte del autismo y del síndrome de Asperger (con frecuencia llamado «autismo de alto funcionamiento»: los niños tienen un nivel de inteligencia superior al de otros calificados como autistas, pero tienen las mismas dificultades de comunicación) es que los niños no comprenden las expresiones familiares. Ellos entienden el lenguaje al pie de la letra. A un niño con autismo le preguntaron cruelmente: «¿Has perdido un tornillo?». Cuando él respondió que nunca había tenido tornillos, se burlaron de él y siguieron insultándole. Y se quedó desconcertado y herido.

El acoso escolar en la infancia christine macintyre

Es posible que los niños del espectro autista no respondan a las invitaciones de «ir a jugar» o que intenten unirse, pero se sientan perplejos al tratar de seguir las reglas no escritas del juego de otro. Los niños cambian constantemente su juego de rol y esperan que otros se adapten de inmediato al cambio. La mayor parte del significado y de la secuencia de este cambio se contiene en las expresiones faciales o en el lenguaje corporal, más que en alguna explicación verbal de lo que está pasando, de modo que los niños del espectro autista que no pueden interpretar esas comunicaciones no verbales se quedan perdidos. Si responden de manera inapropiada, los acosadores se echan encima.

Es fascinante y saludable comprender que es muy raro que los niños que están en este espectro acosen a otros. Quizás esto se deba a que no están suficientemente interesados en –ni codician– lo que otros niños tienen. Raramente son orgullosos o egoístas. Cuando le preguntaron a un niño por qué había dado su juguete, respondió inmediatamente: «Porque él [Peter] lo quería». ¡Esta es una respuesta típica y obvia (para ellos)! ¿Cómo se puede explicar a un niño que no puede prever las implicaciones de sus acciones que otros niños podrían aprovecharse de su generosidad?

Otra faceta de la discapacidad es el interés obsesivo, por ejemplo, en coleccionar cosas. Estas pueden ejercer una atracción irresistible para los niños del espectro, a la vez que son desconcertantes para niños neurotípicos. «¿Por qué me quita Grant los caramelos, se queda con el envoltorio y después me los devuelve?», pregunta John perplejo. La respuesta es, naturalmente, que a Grant solo le interesaba el envoltorio, y para él era enormemente importante porque tenía una colección de envoltorios de caramelos que le producían una gran satisfacción. Lamentablemente, los niños rehúyen aquellas actividades que para ellos no tienen sentido y son extrañas y, si comparten sus observaciones con otros, entonces aumenta la inquietud.

Muchos profesores explican que su mayor preocupación es el incremento en el número de niños del espectro autista que presentan dificultades. En una ciudad, «el número de diagnósticos se duplicó en un periodo de cuatro años» (Keen y Ward 2004). Parece que esto se debe a un mayor reconocimiento de trastornos del espectro autista en niños más capaces y en aquellos que tienen trastorno por déficit de atención con hiperactividad, y también al hecho de que los padres son más conscientes de los síntomas en los primeros años de vida. La mayor incidencia significa que la comprensión de las experiencias de los niños que son acosados tiene una importancia vital.

Trastornos del habla y del lenguaje

A veces, los padres, los profesores y otros pueden confundir las discapacidades del habla y de lenguaje con trastornos del espectro autista. Esto se debe al hecho de que «los límites entre el autismo clásico y otros trastornos no están claramente definidos» (Barrett *et al.* 2004). Los niños que tienen dificultades de comunicación e interacción social, que no pueden hablar claramente, que tartamudean o no pueden cumplir las «normas» de conversación (ritmo, respeto a los turnos, el uso de fáticos) son blancos fáciles de acoso. Muchos niños que tienen diferencias de aprendizaje pero no son autistas comparten discapacidades del lenguaje como la ecolalia, la entonación extraña y/o dificultades graves en los aspectos pragmáticos o conversacionales del lenguaje. (Este fenómeno ha recibido recientemente el nuevo nombre de «discapacidad pragmática»). Los niños con estas dificultades muestran niveles altos de retraimiento y poca motivación, y son menos aceptados por su grupo de iguales. Algunos pueden tener un control de los impulsos pobre y, sin un diagnóstico preciso, pueden ser considerados como niños con trastorno por déficit de atención con o sin hiperactividad. El rechazo lleva al aislamiento y posible victimización, y si los niños no reaccionan adecuadamente a las iniciativas de los adultos, entonces resulta muy complicado proporcionar un plan de estudios estimulante. Si son acosados y no pueden explicar lo que pasa, es difícil imaginar la terrible situación que están viviendo.

Dispraxia o trastorno del desarrollo de la coordinación

La vida puede ser igualmente frustrante para niños inteligentes y que se expresan bien, pero tienen dificultades de aprendizaje como la dispraxia (*dys* = imperfecto, *práxis* = la capacidad de usar el cuerpo como una herramienta) o trastorno del desarrollo de la coordinación (TDC). Escuchemos una parte de la entrevista con Aaron, un niño de 10 años que habla con la doctora Amanda Kirby en el Dyscovery Centre, una clínica privada dedicada al apoyo a los niños con diferencias de aprendizaje. Los padres de Aaron estaban desconcertados porque su brillante hijo no podía hacer cosas que hacían todos los demás. Su madre explica:

> «Los botones son horribles y tarda tanto tiempo en prepararse para el colegio, y se irrita tanto, que tengo que abrochárselos. Pero es brillante en todo lo demás. Un día empecé a pensar que yo no estaba siendo una buena profesora… Tiene que haber un truco para abrocharse y atarse los cordones, que yo desconozco».

Cuando la doctora Kirby preguntó a Aaron sobre su escritura (que es a menudo una preocupación clave para los niños y sus padres), respondió:

> «Es peor que la de todos los demás compañeros de clase. Puedo ver en mi cabeza cómo tengo que escribir las palabras y trato de hacerlo de ese modo, pero cuando me pongo a escribir, todo me sale mal».

Le faltaba fuerza en los dedos y en el brazo, y tenía problemas de coordinación que resultaban evidentes en su falta de destreza para agarrar un balón, o usar el cuchillo y el tenedor, y también porque era el último en vestirse después de las clases de educación física. Tales dificultades de coordinación habían causado gran preocupación en todos los miembros de la familia, porque no entendían cuál era el problema y, por supuesto, pese a que le aseguraban lo contrario, Aaron tenía la sensación de que estaba defraudando a sus padres.

¿Cómo reaccionaron los demás niños? ¿Acosaron a Aaron? Aaron fue capaz de explicar sus experiencias y resultó indudable que así era:

«Me decían que estaba sordo, que estaba loco, que estaba un poco ido [señalándose la sien]». Y cuando la doctora Kirby preguntó: «¿Pensabas que lo estabas?», Aaron respondió: «Después de un tiempo empecé a pensar que tenían razón. Una niña llegó a decirme que yo era un discapacitado, que no debería estar en este colegio».

Por suerte, el Dyscovery Centre pudo proporcionar un programa para facilitar el control motor de Aaron y, progresivamente, a medida que su competencia aumentó, se restableció también la seguridad en sí mismo; pero ¿cuántos otros niños hay que sufren dificultades parecidas? Cuando tienen dificultades de movimiento, estas son evidentes; los otros niños pueden ver que algo no funciona y, al burlarse de ellos, hacen que pierdan la confianza en el conjunto de sus habilidades. Ellos transfieren los sentimientos de inecuación en un área a las demás áreas, en las que tal vez sean perfectamente competentes. Quizás esta sea la fuente del consejo de Neihart (2003), que explica:

«Cuando tienes un niño con una dificultad particular, céntrate en las cosas que hace bien y, al mismo tiempo, presta atención a las cosas que son difíciles. Si te concentras solamente en las dificultades, entonces la autoestima del niño sufrirá».

¿Con cuánta frecuencia los profesores y los padres agobiados se concentran en tratar de superar los aspectos problemáticos? Tal vez no comprendan que si los niños se enfrentan constantemente a actividades que les permitan ponerse al nivel de los demás, su sensación de fracaso puede consolidarse.

Esto suscita la cuestión de los deberes escolares. Si los niños han pasado el día sintiendo que están fracasando, por la tarde deberían tener la experiencia del éxito. Los niños con dispraxia y otras dificultades tienen con frecuencia programas de ejercicios para practicar por las tardes y «el esfuerzo por hacer los deberes» puede llevar a la familia al límite.

Escuchemos ahora a Sally, la madre de Jason y Gillian, que tienen necesidades de apoyo adicionales:

> «Aunque Jason está siempre muy cansado, yo trato de estar tranquila. El motivo de su cansancio es que tiene que concentrarse mucho para seguir las instrucciones. En la clínica, alguien me explicó que se debía a una habituación pobre. Y esto significa que en vez de hacer las tareas automáticamente, tiene que empezar cada una de ellas desde cero. Esto le exige una concentración extra y le causa un gran estrés. De modo que va más lento y, si llega a casa con tareas que no ha terminado en clase, sencillamente se niega a hacerlas y terminamos gritándonos. Los deberes son la gota que colma el vaso».

¿Quiénes son ahora los acosadores? Los profesionales bienintencionados tienen que recordar que los padres tienen también desafíos a los que enfrentarse y han de tratar de facilitar las interacciones de estos con los hijos en vez de empeorarlas.

Trastornos por déficit de atención

Trastorno por déficit de atención (TDA)

Sally se sintió angustiada al descubrir que su hija Gillian tenía síntomas del trastorno por déficit de atención (TDA) que se sumaban a su anterior diagnóstico de dispraxia. Sally explicó que Gillian necesitaba hacer un esfuerzo específico para concentrarse y recordar cosas:

> «Olvida las cosas continuamente. Aunque le escribo notas, se olvida de leerlas, pero no se trata de travesuras. Se siente muy mal cuando le pasa esto. Olvida también las cosas que quiere hacer, no solo las que quiere evitar».

La profesora de Gillian explica cuál es su actitud en clase:

«Pasa mucho tiempo del día soñando despierta: no se concentra durante mucho tiempo y si se concentra, desconecta enseguida. Por eso no avanza mucho. No quiero que trabaje con los niños que no son tan brillantes, pero como raramente termina las tareas, ¿qué puedo hacer? Entonces los demás niños preguntan a qué grupo pertenece, y ella se molesta. Sabe que es capaz de mucho más, pero yo necesito pruebas, y no solo un sentimiento. Puse el gran reloj de arena en su pupitre y le pedí que se concentrara todo lo posible mientras la arena caía, pero parecía hipnotizada mirando la arena y, por supuesto, los demás niños querían saber por qué había puesto el reloj en su pupitre. Pronto comprendí que no es acertado hacer que se sienta diferente, especialmente porque se siente angustiada al quedarse atrás. Es difícil saber qué debo hacer. Gillian no arma jaleo, sencillamente se dedica a soñar despierta».

La habilidad de prestar atención y recordar es una capacidad que tienen por naturaleza la mayoría de los niños, aunque pueden decidir no ejercitarla. La falta de habilidad para prestar atención puede causar mucha infelicidad, ya que el resultado –niños que piden que se repitan las instrucciones o que no se muestran interesados en aprender– puede ser diagnosticado erróneamente como pereza. Muchos niños afectados por el trastorno por déficit de atención descubren que no pueden eliminar los elementos de distracción en el entorno. Cosas como, por ejemplo, luces que parpadean o ruidos y zumbidos, o simplemente el murmullo general de un aula ajetreada, son más fuertes que sus esfuerzos por ignorarlos. Este fenómeno es más frecuente en las niñas que en los niños. Ellas tienden a desentenderse del aprendizaje soñando despiertas. Naturalmente, el hecho de no prestar atención les impide tomar conciencia de sus capacidades; sin embargo, es posible que sean muy inteligentes. ¡Los padres, los profesores y los mismos niños pueden sentirse muy frustrados!

El acoso escolar en la infancia christine macintyre

Trastorno por déficit de atención con hiperactividad (TDAH)

Pero ¿por qué algunos niños no son capaces de prestar atención? ¿Y por qué es tan importante que la presten? A la mayoría nos educaron diciéndonos que teníamos que «poner atención» en clase, y aunque no siempre obedecíamos, no dudábamos que, si concentrábamos nuestra atención, podíamos aprender. Por desgracia, algunos niños no pueden, sencillamente. Y cuando una atención pobre se combina con la hiperactividad (TDAH) –y esto afecta a más niños que niñas–, la incapacidad del niño para estar quieto y tranquilo puede alterar las lecciones y molestar a todos los demás, y esta situación puede llevar fácilmente al acoso escolar. Otros padres, incluso los que entienden la situación, pueden mostrarse poco comprensivos cuando temen que el aprendizaje de sus hijos se vea afectado. Sin embargo, los niños con TDAH no pueden controlar el impulso que les hace moverse. Normalmente hay algo fuera que les resulta más interesante que la tarea que tienen entre manos y, no obstante, cuando se capta realmente el interés de los niños, pueden concentrarse, permanecer quietos y realizar trabajos de gran calidad.

Su diferencia neurobiológica, unida a la disfunción del neurotransmisor dopamina, hace que la calma y la concentración continuas sean casi imposibles y, aparte del efecto negativo que esto tiene en su propio aprendizaje, molestan a quienes los rodean. Es frecuente que los niños afectados reconozcan lo que está sucediendo, pero no pueden dar pasos para controlar sus acciones. Cuando se hace una pregunta, los niños con TDAH pueden sentirse «arrollados» por una serie de respuestas y contestar con lo primero que se les ocurre, a menudo sin esperar el final de la pregunta. Después, los demás niños se burlan con desprecio. Aparece en este momento una fuente potencial de acoso escolar, y es frecuente que las burlas sobre lo que se ha dicho continúen en el patio y se usen de nuevo, porque el acoso es cruel.

Es importante que los profesores comprendan que los niños con un verdadero problema (no los traviesos que no quieren hacer lo que se les manda) tienen dificultades que les frustran a ellos y también a sus profesores y padres.

Ellos quieren estar tranquilos y concentrarse, pero hay algo en su modo de ser que les supera. Mientras que los profesores quieren que los niños se concentren y hagan caso omiso de las fuentes de distracción en el entorno, son precisamente estas las que les fascinan y les hacen moverse. También sienten sus emociones con tanta fuerza que, si se sienten frustrados, pueden reaccionar de manera exagerada, e incluso golpear a otros, aunque saben que eso está mal. Como consecuencia, son considerados acosadores cuando en realidad es la frustración la que provoca tales acciones.

Los niños acosadores pueden encontrar muchas maneras de poner nerviosos a los niños con TDAH, a la vez que ellos mismos se consideran inocentes. No es difícil ver cómo se ven afectados el pensamiento, el aprendizaje y la autoestima de los niños.

Pero ¿por qué sucede esto?

El cerebro protege el vínculo entre la mente y el cuerpo. Su función principal es mantener el organismo (del que forma parte) sano y salvo. Para ello, explora continuamente el entorno en busca de estímulos. Como respuesta a la estimulación, el cerebro crea impulsos que exigen ser satisfechos. Si el estímulo es la falta de azúcar en sangre, el deseo será comer y la búsqueda de comida. Si el estímulo es el deseo de ir a casa o salir para alternar, entonces tales deseos apremiantes están acompañados por un sentimiento de vacío que necesita ser llenado. Esto provoca la acción que satisfará el anhelo. Llevar a cabo la acción, por ejemplo, cocinar, aprender algo nuevo, subir a una montaña o terminar un trabajo, debería ser recompensado con sentimientos positivos de placer y satisfacción.

Así, cuando las cosas funcionan con fluidez, el proceso es el siguiente:

Estímulo $\Longrightarrow$ deseo $\Longrightarrow$ acción $\Longrightarrow$ satisfacción

El acoso escolar en la infancia christine macintyre

A veces, ese proceso se rompe. Puede ser que el deseo pierda fuerza y no sea capaz de provocar la acción, como en el caso del TDA, donde parece que los niños carecen de la motivación para mantener el aprendizaje, o las acciones no llevan a la satisfacción o la realización. Esto es lo que sucede en los niños con TDAH. Las exigencias insistentes del cuerpo les hacen moverse para buscar nuevos estímulos, pero con frecuencia el movimiento no produce la recompensa que se busca. El niño no se siente satisfecho y tiene que seguir moviéndose para buscar una nueva fuente de satisfacción. Es frecuente que a estos niños se les eche a menudo la culpa de una conducta que sencillamente no pueden evitar.

Sin embargo, suele suceder que los niños con este trastorno pueden concentrarse durante un tiempo breve. Cuando le preguntaron a un niño con este desorden por qué no se concentraba durante más tiempo, respondió:

«Puedo forzarme a estar tranquilo si algo me interesa realmente, pero entonces siento esta oleada de energía y tengo que moverme. Si la reprimo durante demasiado tiempo, tengo que encerrarme en el baño y desahogarme. Pero entonces la gente piensa que soy raro. Otros niños ven solo lo que hay de extraño en mí y no se esfuerzan por profundizar para encontrarme debajo de la superficie. Cuando trato de explicarme, hacen ruidos molestos y se burlan de mí. Esto me hace daño y me preocupa. Y me pongo a llorar».

Una de las estrategias exitosas empleadas por los colegios consiste en ofrecer salas con luz natural. Son espacios a los que pueden ir los niños si sienten que aumentan esos deseos de moverse. Con frecuencia, el hecho de saber que tienen a disposición esos lugares les ayuda a mantener el control. Comprender que la tensión producida por el TDAH puede disminuir en la etapa de la adolescencia, cuando la corteza frontal del cerebro es estimulada para dar más control, puede ofrecer algún consuelo a los padres, pero si el niño tiene solo cuatro o cinco años, esto implica tener que esperar mucho tiempo.

Escasas competencias de planificación, secuenciación y organización (dispraxia, dislexia, TDA, TDAH y autismo)

Una de las diferencias generalizadas en algunas situaciones de necesidades adicionales es la escasa organización y planificación. ¿Puede contribuir esta dificultad a que los niños sean acosados? Alice, profesora de tercero y cuarto de primaria, explica:

«Lo que me vuelve loca es que los niños no puedan organizarse ni controlar sus pertenencias. Todos los días traen libros equivocados, se olvidan de la ropa de educación física, y las cartas que deberían haber entregado a sus padres las dejan en el fondo de sus mochilas hasta que se desintegran. Los padres se enfadan y preguntan: "¿Por qué no se nos ha informado?", pero en realidad les he enviado las cartas más de una vez. En ocasiones evito hacer cambios en las rutinas diarias porque sé que esto causará estrés, pero a los que saben arreglárselas les resulta duro. Me dicen que les aburre el hecho de que todo sea tan predecible. A veces se pierde tiempo de clase incluso para ir a la entrada principal porque conseguir que algunos niños se cambien de ropa es una pesadilla. Y para complicar aún más las cosas, algunos alumnos se portan mal. Esconden los zapatos de Tom o vacían su mochila en el suelo, y él se siente angustiado o se pone agresivo. Podría parecer que son payasadas, pero para Tom y para mí se trata de acoso. Hacen cosas como estas cuando yo estoy ocupada con otros niños. Sé quién es el responsable, ¡pero es difícil probarlo! ¿Por qué los niños que lo ven no identifican y rechazan abiertamente a los que se portan tan mal? ¿Por qué piensan que eso es chivarse en vez de apoyar a los necesitados? Pero, por otra parte, ¿por qué son así los niños desorganizados? Siempre están metiéndose en líos; siempre son los mismos y, porque estos niños parecen iguales que los demás, la gente atareada, incluida yo misma, se impacienta mucho. Trato de no suspirar, pero es muy difícil».

El acoso escolar en la infancia christine macintyre

El pensamiento, la planificación y la organización tienen lugar en la corteza prefrontal del cerebro, donde reside también la memoria operativa. La memorización es necesaria para planificar por adelantado. Para planificar, los niños tienen que reflexionar sobre lo que ha pasado antes, y tienen que enmendarlo después para adaptarlo a un contexto nuevo. Si no pueden recordar, entonces la planificación y la organización están también afectadas. Esto forma parte de la realidad de muchos niños con necesidades especiales y puede afectar a otros que son muy inteligentes. Se sienten frustrados e indignados, y pueden empezar a repartir golpes y hacer daño a quienes les reprenden. Y, después, es a ellos a quienes se les califica de acosadores.

Dislexia

Jan es una puericultora que reflexiona con amargura sobre su vida en la escuela.

> «Tenía 14 años cuando me diagnosticaron dislexia, y nadie en mi casa podía comprender por qué siempre estaba entre las últimas en lectura y ortografía, ya que tenía buenas calificaciones en asignaturas como teatro y arte, y en las representaciones escolares podía aprender de memoria papeles largos. Pero ellos no tenían conocimientos suficientes sobre el sistema educativo para poner en cuestión la opinión de los profesores. No estoy segura de si los profesores sabían lo que estaba mal o cómo ayudar, porque se limitaban a sacudir la cabeza. Pronto perdí toda la confianza en mí misma y dejé la escuela en cuanto pude, con 14 años. Me encanta mi trabajo como puericultora, pero necesité muchos años de clases nocturnas, y sé que podría haber llegado más lejos si hubiera tenido un diagnóstico más temprano».

Jan expresa una idea sumamente importante: «El acoso escolar no es solo lo que la gente hace; es también lo que no hace. Dejarme luchar sola fue mucho más penoso que robarme los libros o que los otros niños me dijeran que era "corta"».

La dislexia tiene muchas formas y diferentes causas que impactan más o menos gravemente en la competencia de un niño en lectura y ortografía. Lamentablemente, dado que gran parte del aprendizaje escolar depende de esas habilidades, incluso algunos niños que tienen una inteligencia por encima de la media pueden considerarse estúpidos. Una forma de dislexia es causada por una región del cerebro que no se estimula. Carter (2000) explica que tomografías por emisión de positrones realizadas cuando personas con dislexia estaban llevando a cabo tareas de lectura mostraron que sus áreas de procesamiento del lenguaje no trabajaban de común acuerdo. En las personas no disléxicas, las áreas de lenguaje con un lugar entre ellas llamado «ínsula cerebral» se estimulaban al mismo tiempo. La ínsula actúa como un puente que permite que las áreas trabajen al unísono. En las personas con dislexia, la ínsula no se estimulaba y, por tanto, las áreas del lenguaje trabajaban solas en vez de trabajar conjuntamente.

Peer (2004) establece, en su tesis doctoral «Otitis media: a new diagnosis in dyslexia», que algunos niños con escasas habilidades en lectura y ortografía tienen una capacidad auditiva discriminatoria inadecuada. Aunque no están sordos, carecen de la habilidad para diferenciar entre sonidos: por ejemplo, entre b, p, q y d. Así, no pueden identificar algunas palabras en su cabeza de manera exacta, lo cual dificulta obviamente sus habilidades de lenguaje. Ciertamente, esto parece algo que debería ser controlado en una guardería.

Sea cual sea la causa y sea cual sea la dificultad, los niños con diferencias de aprendizaje pueden ser acosados cuando se les pone en un grupo que no corresponde a su nivel de inteligencia, el cual está normalmente en la media o por encima de la media. Disfrazar la división de alumnos por grupos llamando a los grupos «triángulos» o «zorros» no engaña a nadie, y menos a los niños. ¿Es posible que la manera de dividir a los niños se base intrínsecamente en una forma de acoso? Algunos argumentarán que la división por grupos en función de la habilidad es la forma más eficaz de enseñar, pero ¿cómo puede mantener la motivación para aprender un niño brillante situado en el grupo de menor nivel por falta de un diagnóstico adecuado?

Niños dotados y con talento

¿Y qué decir de los niños identificados como dotados y con talento? Por sus habilidades y talentos ¿tienen que estar fuera del grupo de niños con dificultades/discapacidades/diferencias de aprendizaje? En el pasado se decía que los niños con dispraxia, dislexia y TDA o TDAH tenían «dificultades de aprendizaje específicas», lo cual significaba que su rendimiento general se echaba a perder por una «sorprendente desventaja en un ámbito de desarrollo, dado su nivel intelectual» (Macintyre y Deponio 2003). Hoy, sin embargo, se sabe que algunos niños dotados y con talento tienen elementos de autismo, más comúnmente llamado síndrome de Asperger. Tienen un alto nivel de rendimiento intelectual, normalmente en un área como la memorización de información objetiva o porque tienen una gran capacidad artística o matemática, pero tienen las dificultades sociales y de comunicación que distinguen a los niños del espectro autista. Dentro de este grupo están los *mono-savants* como Kim Peake. El padre de Kim afirmaba: «Puede leer la página par de un libro con un ojo, y a la vez la página impar con otro, en treinta segundos, y nunca olvida nada de lo que ha leído». Su memoria enciclopédica sirvió de inspiración para la película *Rainman*. Los niños como Kim, con capacidades intelectuales espectaculares como estas, suelen sufrir aislamiento debido a sus dificultades en la interacción con su grupo de iguales y a sus intereses obsesivos. Su alto nivel de rendimiento escolar puede hacer también que otros se sientan molestos por sus destrezas y les acosen.

Muchos niños con alto nivel de rendimiento son acosados en el colegio. Sus logros son significativamente diferentes de los alcanzados por los demás niños. Los padres suelen explicar que el talento de sus hijos es innato, algo con lo que han nacido. A menudo dicen: «No sabemos de dónde procede». Ocasionalmente, cuando la agitación de esos niños no les deja ni un momento de tranquilidad («Marie no está nunca contenta, no para nunca y nosotros no tenemos los recursos ni el tiempo necesarios para permitir que haga realidad los retos que se propone»), pueden desear que por un momento su hijo «pueda ser un niño o niña corriente». El lenguaje de estos niños es diferente y a menudo les resulta más satisfactorio relacionarse con adultos. Es posible que sus intereses estén fuera del alcance de los recursos proporcionados por el colegio. Puede ser que otros niños y sus padres se sientan molestos por los talentos de los niños dotados. Sus habilidades pueden hacen que sean excluidos de los juegos y otras actividades y, por eso, los niños dotados y con talento niegan a veces sus capacidades, y responden erróneamente solo para ser uno más del grupo.

Los niños con talento para los deportes suelen ser menos acosados porque los demás niños pueden apreciar la gran cantidad de dedicación y entrenamiento que necesitan para conseguir sus éxitos. A los compañeros pueden gustarles esos éxitos si les dan prestigio a ellos o al colegio. Sin embargo, el hecho de que algunos deportes se practiquen en solitario puede implicar también que a los niños con talento les resulte difícil entablar y mantener amistades.

El hecho de etiquetar a los niños ¿ayuda a impedir que sean acosados?

Muchos padres y profesionales se muestran reacios a someter a los niños a un diagnóstico formal de dificultades o talentos en los primeros años. (Este diagnóstico debe ser establecido por un psicólogo experimentado, ya que la co-ocurrencia de síntomas en diferentes enfermedades y la falta de límites entre los que presentan los síntomas de un trastorno y los que nos los presentan no están claramente definidas). El personal docente de las guarderías y centros escolares comprende que el aumento de mielina dentro del cerebro hacia los seis años de edad puede reducir algunas dificultades, de modo que son reacios a diagnosticar enfermedades específicas antes de ese momento. No obstante, los profesionales que trabajan con niños pequeños pueden ayudar a decidir con precisión si reúnen datos sobre lo que los niños pueden o no pueden hacer en el ámbito familiar y lo comparten con quienes formulan los diagnósticos. Una imagen completa, a ser posible con fragmentos de vídeos que muestren los patrones de movimientos del niño o algunos de sus trabajos es siempre útil, quizás incluso esencial para evitar diagnósticos erróneos.

Carol y Jack rechazaban rotundamente la idea de etiquetar a su hijo, y hacían esta pregunta:

«¿Por qué debe ser calificado como dispráxico y disléxico? Un niño puede tener varicela y a nadie se le ocurre llamarle "niño varicela". Hay toda clase de connotaciones relativas ligadas a las etiquetas de necesidades especiales. Si un niño tiene una etiqueta, entonces los profesores esperan que fracase en ciertas cosas; sus expectativas son menores y no es eso lo que queremos para nuestro hijo».

Aun cuando esto es totalmente comprensible, puede haber desventajas por cualquier retraso. Muchos niños con dificultades hablan del alivio que sienten cuando reciben una etiqueta, «porque por primera vez comprendemos que no tenemos la culpa de no ser capaces de hacer lo que hacen los demás».

Escuchemos a Sandy, un niño de siete años con dispraxia o trastorno del desarrollo de la coordinación (TDC). Sandy explica:

«Cuando me dijeron lo que estaba mal, fue como si me hubieran quitado de encima un peso enorme. Me informaron de que, aun cuando la fisioterapia pudiera ayudarme, siempre tendría TDC, y esto no era lo mejor que podía escuchar, pero sabía que no podría ir a peor y, lo mejor de todo, mi familia podría dejar de culparme por ser patoso. En especial, era estupendo oír que se trataba de una enfermedad heredada. Esto significa que puedo preguntar: "¿Quién tiene la culpa?". Y cuando los niños me riñen en el colegio si hago algo mal, puedo decir: "Tengo TDC; trata de ponerte guantes de boxeo para escribir y veamos cómo lo haces. Apuesto a que escribes peor que yo". Una vez que me asignaron una etiqueta, mi profesor explicó a mis compañeros lo que era el TDC y a partir de entonces fueron más pacientes. El no saber lo que está pasando es lo que causa la mayor parte del malestar. Ahora estoy mucho más relajado con mis amigos, y también con mis padres».

Una vez que se ha establecido un diagnóstico formal, los niños deben tener un apoyo extra. Después se les dice que los programas de apoyo pueden reducir sus problemas y que cualquiera que siga acosando lo hace sabiendo que sus acciones serán consideradas despreciables.

Si bien muchas diferencias de aprendizaje son difíciles de diagnosticar, y a menudo llevan a los padres a sentirse confundidos cuando les dicen que su hijo padece una enfermedad diferente de la diagnosticada a otro niño que aparentemente tiene el mismo conjunto de dificultades, las enfermedades más discapacitadoras tienen características que permiten establecer diagnósticos claramente. ¿Son acosados estos niños?

Parálisis cerebral

Escuchemos a Marie y Ken, cuya hija de 10 años, Ashley, tiene parálisis cerebral:

«Ashley está gravemente afectada por su parálisis cerebral. Tiene un tono muscular muy bajo y, por ello, sus etapas motrices están retrasadas. Pero esto no quiere decir que no pueda progresar. Estamos seguros de que un día será capaz de permanecer en pie sin un andador, aunque siempre necesitará una silla de ruedas y una considerable cantidad de apoyo. Generalmente su tono es bajo, pero algunas veces sus músculos se ponen tensos o puede agitar los brazos; esto es pasajero, pero a medida que ella gane control, irá mejorando. La parálisis cerebral no empeora, como otras discapacidades progresivas, de modo que nuestra actitud es siempre positiva y buscamos señales que nos indiquen que ella es cada vez más fuerte. Elogiamos las cosas que puede hacer en lugar de desesperarnos por lo que no es capaz de hacer. Es algo que hemos aprendido. Cuando le diagnosticaron parálisis cerebral al nacer, estábamos desesperados. Fue terrible, pero tuvimos que pasar por ello. ¿Puede aprender cosas? Claro que puede. Como su movimiento, el progreso puede ser lento, pero ¿a qué viene tanta prisa? Dios nos ha dado mucho tiempo. Ella lo conseguirá, sabemos que lo logrará».

El acoso escolar en la infancia christine macintyre

Pero ¿fue Ashley acosada? Ken estaba preparado para esta pregunta:

«Gracias a Dios, cuando era pequeña, Ashley no comprendía lo desagradables que podían ser las personas, y nosotros podíamos explicar por qué ella era diferente antes de que aquello ocurriera. Cuando los adultos se quedaban mirando fijamente –y creedme que lo hacían–, le decíamos a Ashley cosas como esta: "A esa señora le gustaría tener tu silla de ruedas para llevar las bolsas de la compra", y apartábamos la silla de las miradas curiosas. Normalmente, Ashley no se sentía herida, pero nosotros sí. Nadie tomaba la iniciativa de hablar con ella, sino que hablaban sobre ella y nos preguntaban si podía entender. Ella comprendía, aunque no podía responder. En general, los niños se portaban mejor. Pedimos a los niños de los vecinos que vinieran a nuestra casa para jugar con ella de modo que pudiera tener una vida normal, y ellos jugaban a su alrededor. Un día, Ashley fue la reina en su trono. No sé si ella lo comprendió, pero le encantaban los niños, y una de las niñas me dijo que había escrito una redacción sobre Ashley para el colegio. Pero no todos los menores son así. Un día, mientras estábamos comprando, una pandilla de chicos de unos 10 años gritaron: "¿Eres espástica o qué te pasa?". Yo les respondí también gritando: "Ella no es una acosadora horrible, de modo que es mejor que vosotros". Después reflexioné y pensé que habría sido mejor no hacerles caso. Está mal sufrir acoso, pero cuando el acosado es un menor frágil, uno se pregunta: "¿Puede haber algo peor?". Vemos a otros niños merodeando y nos preguntamos: "¿Y si la acosan…?", pero después nos calmamos y damos gracias porque Ashley no será nunca una niña tan desagradable como ellos».

Marie y Ken explican que la parálisis cerebral estuvo causada por un accidente que afectó al desarrollo de Ashley en el útero. Su cerebro era incapaz de enviar las señales correctas a los músculos y, por consiguiente, su postura y su movimiento –es decir, su equilibrio, coordinación y control– estaban afectados. Estaban seguros de que la fisioterapia y la terapia de escucha de Ashley le permitirían adquirir destrezas, aunque necesitaría siempre cuidados.

Unas palabras finales de sus padres:

«Hacemos las cosas lo mejor que podemos para que sea feliz y de tal manera que somos afortunados porque podemos protegerla de personas desagradables. Pero a medida que crece, es más difícil moverla y vestirla. Tenemos que cambiarle de postura durante la noche y a veces estamos muy cansados. Muchas personas son amables, pero otras nos evitan porque no saben qué decir, e incluso cruzan la calle para no encontrarse con nosotros. Nos cuesta pensar que pueda haber personas que acosen a un niño en una silla de ruedas, pero las hay».

Alergias

A primera vista puede parecer extraño incluir a los niños con alergias en un capítulo sobre enfermedades con necesidades especiales, pero las diferentes alergias pueden tener efectos desoladores –e incluso poner en peligro la vida–, y plantean una gran responsabilidad a los profesionales en los centros escolares. Como el número de los niños con alergias está aumentando, al igual que el de los niños con otras necesidades de apoyo adicionales, los efectos de las acciones realizadas para mantener seguros a los niños alérgicos influyen en los demás niños, ya que las restricciones limitan también las experiencias de estos. Esto puede constituir una fuente de acoso.

Escuchemos a Laura, cuyo hijo Andrew padece alergia a los cacahuetes y a la soja:

«Tener un hijo con estas alergias es muy aterrador. A los extraños les parece fácil –"¡Que no coma cacahuetes ni comida china"!–. Pero trazas de nueces se encuentran en los aceites no refinados y en cientos de alimentos. Así pues, tenemos que estar vigilantes todo el día, porque incluso una pequeña cantidad puede causar una reacción».

El acoso escolar en la infancia christine macintyre

Debbie, una profesora de apoyo que se estaba preparando para hacerse responsable de Andrew, preguntó: «¿Qué hago si sospecho que tiene un problema?». Laura respondió:

> «Andrew está afectado menos gravemente que otros niños expuestos a un *shock* anafiláctico –que podría poner en riesgo su vida–, pero se le hinchan los labios y puede tener dificultades para respirar y tragar. Hasta ahora esto ha sucedido gradualmente, pero nos preocupa que las reacciones puedan ser inmediatas y severas. Estamos esperando que lo supere, pero sigue siendo aún muy propenso a las situaciones desencadenantes. Cuando Andrew vaya al colegio, el entorno tiene que estar totalmente libre de esos alérgenos, porque incluso el hecho de sentarse junto a un niño que haya comido cacahuetes en el patio puede afectarle. Si ves que se le hinchan los labios, tienes que llamar inmediatamente a una ambulancia e informar al personal sanitario de que puede tratarse de un *shock* anafiláctico. Cuando lo hayas hecho, me llamas».

A Debbie le entregaron material de lectura y le enseñaron a poner una inyección de epinefrina, y estaba siempre alerta en lo relativo a los alérgenos. Lamentablemente, las limitaciones necesarias causaron quejas e incluso conductas de acoso escolar: por ejemplo, cuando se pidió a los padres que llevaran al colegio pan o dulces que no contuvieran trazas de nueces ni soja. Sarah estaba desolada porque el colegio había recibido siempre las aportaciones de comida para la fiesta de cumpleaños de su hija. Algunos padres estaban contrariados, porque también disfrutaban colaborando en la fiesta. A Andrew le dijeron: «No serás invitado a una fiesta en mi casa» y también: «Si no hubiera sido por ti, podríamos haber tenido una verdadera fiesta de cumpleaños». Le dijeron que lo había echado todo a perder. El acoso escolar puede adoptar muchas formas. Andrew necesitará siempre valor para dar a conocer sus alergias y tiene que aprender a hacer frente a respuestas duras.

Debbie estaba ansiosa por saber cómo y cuáles eran las alergias comunes para poder preparar de antemano la cocina para la llegada de Andrew y conocer las dificultades que podría tener el siguiente niño. El Allergy Awareness Group (2007) explica que hay un pequeño grupo de alimentos responsables del 90 por ciento de las alergias. Son conocidas como «los 8 grandes». Son la leche, los cacahuetes (o maníes) y las nueces, los huevos, la soja, el pescado y los mariscos, los cítricos y el trigo. Algunas personas con alergia a los cacahuetes son alérgicas también a las judías verdes y a los guisantes, e incluso a los altramuces, porque contienen alérgenos similares a los asociados con los cacahuetes. Así, les guste o no a los demás niños, el marco, incluso el jardín, tiene que ser preparado cuidadosamente para los niños alérgicos. Y todos los profesionales tienen que saber lo que se ha de hacer urgentemente si fallan los preparativos.

Dado que está creciendo el número de niños con dificultades, se multiplican también las exigencias sobre los profesionales. El hecho de insistir en que el personal docente tiene que arreglárselas sin una formación suficiente, aumentando su competencia mucho más allá del límite original, ¿podría ser una forma de acoso? ¡Tal vez sí!

3

Algunas cuestiones importantes sobre la comunicación con los padres

Pregunta 1: ¿Es fácil hablar con los padres sobre el acoso escolar?

Al preguntar a los profesores de guarderías y colegios sobre la comunicación con los padres, algunos, especialmente los que trabajaban con niños pequeños, afirmaron de inmediato que su relación les permitía abordar cualquier tema, incluso el acoso. «Esto se debe a que los padres acuden a la guardería con regularidad y entablan amistad con nosotros. A veces llegamos a conocer a familias enteras, creamos un clima de confianza y sabemos que todos hacen todo lo posible por cada niño». Otros estaban mucho menos seguros de que un tema como el acoso escolar pudiera ser debatido abiertamente. «Es diferente si hablas sobre la conducta en un nivel general», explicó Rhana, «pero si se trata de un caso personal, de un niño concreto, cuando intentas encontrar las palabras para decir que hay un problema, es otra historia».

Jack añadió otra dimensión al debate cuando explicó:

> «Cuando pides a los padres que vayan al colegio, el equilibrio de poder está sesgado. Aunque no sepan cuál es el tema que se va a discutir, sospechan que algo va mal y esperan que se les eche la culpa de lo que pasa. Así, desde el principio están a la defensiva. Es un eco del escenario acosador-víctima y hace falta más de una taza de té para que cambie la atmósfera y se relajen ellos… y nosotros, porque también nos sentimos muy inquietos».

Mandeep añadió:

«Hay momentos en que me gustaría decir a los padres: "Me estáis acosando. Hago todo lo que puedo por vuestro hijo, pero vosotros habláis con otros padres y decís que no estamos trabajando bien. Esto hace mucho daño y es muy falso". Algunos padres me dicen que pagan al colegio para que su hijo no reciba ni un rasguño y que, por tanto, si esto sucede, es porque hay acoso escolar y nosotros no estamos haciendo bien nuestro trabajo. Están dispuestos a quejarse ante el ministerio. Así, si queremos mantener nuestro puesto de trabajo, tenemos que defendernos. A veces me pongo nervioso cuando los veo entrar. Es muy injusto, porque nos esforzamos mucho y realmente cuidamos de los niños.

Pero tengo que admitir que la mayoría de los padres son encantadores y están de acuerdo en que si su hijo se hace un chichón o se cae en el jardín, eso es parte del proceso de crecimiento, parte de la infancia, y es posible que no tenga nada que ver con el acoso. Pero hay padres que tienen tanto miedo del acoso, que olvidan que los niños se pueden hacer fácilmente un pequeño chichón también en casa. Ellos distorsionan lo que sucede realmente. Si pudiera permitírmelo, les diría que dejaran a su niño en casa si no les gusta el colegio. Siempre nos echan la culpa. Según ellos, sus hijos no son nunca culpables».

Pregunta 2: ¿Hay técnicas para reducir la probabilidad de fricción entre padres y profesores?

Deb, directora de un colegio, explica:

«Lo importante es estar tranquilos. Tenéis que tomaros un tiempo para preparar vuestra aproximación y seguir al pie de la letra los procedimientos establecidos en la política del centro. Después de todo, es posible que los padres no sepan que su hijo está siendo acosado o que habéis estado tratando de impedir que su hijo acose a otros. Es mejor dar por supuesto que este será un mensaje nuevo y particularmente desagradable. Podéis decir a los padres que la política del centro ordena afrontar de inmediato cualquier problema, de modo que podéis discutir juntos la mejor manera de resolverlo. Es probable que estén de acuerdo».

Pippa expuso su perspectiva:

«En primer lugar, explico a los padres lo que sus hijos hacen bien en cualquiera de las actividades que realizan con destreza. Después, con toda la sensibilidad y el talante positivo que puedo, les pregunto si han molestado de alguna manera a su hijo, porque "recientemente la conducta de su hijo ha sido motivo de preocupación para los profesores y queremos servir de ayuda". Al escuchar a los padres, se comprende lo que ha sucedido en casa, y esto puede explicar muchas cosas. De hecho, a veces, cuando escucho lo que ha estado pasando, me pregunto cómo los niños pueden arreglárselas tan bien».

Cuando le pidieron que lo explicara con detalle, añadió:

«Cuando hablas con los padres por primera vez, tiendes a hacer suposiciones en función de lo que dicen sobre su hijo y cómo visten, y sobre esa base, piensas que el niño está bien o necesita un apoyo extra. Pero esas cosas superficiales pueden ocultar tensiones familiares que podrían explicar por qué un niño es infeliz. Una mamá contó que había tenido que ir todos los días al hospital, y, dado que no quería que Sean viera a su papá conectado a un montón de tubos, él había sido cuidado cada día por unos vecinos diferentes. A veces, ella no podía llegar a casa a la hora que había prometido y, si llegaba, tenía los nervios de punta y regañaba a Sean. Alterada, explicó que "las cosas iban de mal en peor". A Sean, que no comprendía la causa, le molestaba la ausencia de su madre y lo ponía de manifiesto siendo excesivamente exigente cuando ella estaba en casa. Sean mantenía esta actitud en el colegio y, naturalmente, no podía explicar la causa, porque no sabía lo que estaba pasando».

El acoso escolar en la infancia   christine macintyre

Pippa explicó que comprender el contexto completo era la clave para construir relaciones sólidas con los padres. También quiso hacer hincapié en lo siguiente:

> «Aun cuando un niño haya estado volviéndote loca, es inútil mantener una entrevista con los padres si te sientes indignada o impulsiva. Si te tomas tiempo para descubrir qué ha causado el cambio en un niño, las cosas se calman y no te quedas con la sensación de que habrías podido hacer más para ayudar. Si vas disparando a diestro y siniestro, eso hace que los padres piensen que quien acosa eres tú, ¡no su hijo!»

Cuando se les pidió que dieran algunos consejos breves a otros profesionales, los miembros del grupo particularmente interesado en promover la inclusión de los padres elaboraron esta lista:

- Estad tranquilos; recibid a los padres con una sonrisa porque también ellos estarán preocupados.
- Dad por supuesto que los padres no saben que su hijo se ha estado comportando incorrectamente y que la noticia producirá un *shock* desagradable.
- Mostrad a los padres que les respetáis a ellos y a su hijo.
- Insistid en que queréis trabajar con ellos para apoyar a su hijo.
- Evitad las conversaciones telefónicas; necesitáis privacidad y tiempo para hablar sobre el problema.
- Preparad vuestra aproximación de antemano. Preved lo que se podría decir y pensad detenidamente posibles respuestas. Si escribís unas notas breves, entonces podréis acordaros de algunos puntos clave. A veces, la conversación se queda en un nivel superficial y se olvida de lo importante
- Empezad con afirmaciones positivas. Si notáis que tenéis dudas o no conocéis bien a los padres, pedid a un profesor veterano que esté presente. De hecho, es una buena política tener a un segundo miembro del personal docente en la sala. Ellos pueden aliviar la presión y ayudar a que todos estén tranquilos.
- Asegurad a los padres que la conversación será confidencial (pero solo si es posible).

Pregunta 3: ¿Qué sucede si los padres se niegan a aceptar la valoración del colegio según la cual su hijo está acosando a otros, o si culpan al centro? Si responden al colegio: «En casa no se comporta así; tiene que ser culpa vuestra», ¿qué respuesta debe darse?

Rhana ofreció una respuesta basada en su experiencia:

«En mi último año en educación preescolar había un niño que no dejaba de molestar a los demás. No había manera de que estuviera tranquilo y cuando impedíamos que se peleara con otros, se ponía a gritar cada vez más fuerte. Siempre encontraba una explicación para sus travesuras y a veces teníamos que sonreír. Un día fingió que estaba fumando los palitos de pan que teníamos para el recreo. Simplemente estaba imitando lo que veía en su casa. Sabíamos que sus padres eran fumadores. Los demás niños le imitaron a él y enseguida tuvimos un grupo de niños "fumadores". Pero cuando un niño concreto trató de "fumar", él le quitó el palito y empezó a golpearle con todas las fuerzas. Por supuesto, tuvimos que detenerle. Él empezó a escupir y a gritar: "No podéis tocarme". Estaba terriblemente indignado. No se puede ignorar a un niño "enloquecido". Empezó a dar patadas y a morder, y todos estábamos consternados. Pero tuvimos que contenerle por su propio bien y por la seguridad de los demás niños.

Esto no fue más que un incidente, pero los demás profesores estaban alerta, esperando que estallara de nuevo. Algunos niños empezaron a imitar su conducta, cada vez más agresiva; otros tenían miedo, especialmente el niño al que había pegado, y el clima del aula estaba cambiando. De modo que decidimos llamar a los padres para mantener una entrevista. Pensé que esto arreglaría las cosas, pero no fue así. Según los padres, era imposible que su hijo se portara mal y sugirieron que otro niño sería la raíz del problema. "Ajustad cuentas con *el otro*", insistieron, "y mi hijo no tendrá que estar siempre vigilando su propia espalda. Ese niño da mucha guerra en casa y todos los vecinos lo saben, de manera que no culpéis a nuestro hijo". Era evidente que al llegar a casa iban a comentar su perspectiva sobre la conversación que habían mantenido en el colegio. A partir de entonces, las cosas fueron de mal en peor. Un verdadero desastre».

Pregunta 4: ¿Qué pueden hacer los profesionales?

- Asegúrate de que no mencionas el nombre de otro niño (ni siquiera el de la víctima), porque los padres pueden entrar en contacto con él y decirle que «tú dijiste…». Confidencialidad tiene que ser la palabra clave.
- Escribe un diario y anota en él los episodios de las tácticas de acoso escolar usadas por el niño. Apunta cuándo ocurrieron, cuánto duraron, quién estuvo implicado y quiénes lo vieron; cómo se resolvió la dificultad, si es que fue así; y cuál fue después la relación entre los niños afectados.
- Si los padres parecen inestables, toma conciencia de que podrías complicarle la vida al niño en casa. Es posible que el niño esté copiando la conducta de los padres o sus instrucciones: "Defiéndete tu solo". También puede ser que vayan a casa y castiguen al niño, y esto sería mucho peor.
- Trata de hacer que los padres reconozcan que su responsabilidad sobre la conducta del niño no termina en la puerta del colegio. Dales a conocer las normas del centro si ellos quieren escuchar. Si no, entrégales una copia para que se la lleven a casa. Explica que esas normas tienen que cumplirse en un marco donde hay muchos niños. Esto impide que los padres tengan la sensación de que estás criticando sus destrezas parentales.
- Informa a los padres de que el colegio mantendrá un registro de los incidentes para ayudar a los niños a pensárselo dos veces antes de volver a acosar. No obstante, también hay que tomar nota de la buena conducta, de modo que las etiquetas no se mantengan para siempre.

Huelga decir que todos los registros deben ser totalmente confidenciales y se han de consignar las fechas exactas. La gravedad de cualquier suceso se puede valorar en una escala del 1 al 10. (La correspondencia entre los incidentes y los números se puede discutir en una reunión de profesores). Después, si hay nuevos casos de acoso, ya no se trata de rumores, sino de datos que se han de poner en conocimiento de los padres. Los profesores del colegio que tienen la responsabilidad sobre la política anti-acoso deberían dar también su aprobación y supervisar ese esquema, o sugerir la alternativa que prefieran.

Pregunta 5: Y si el niño es víctima, ¿cómo se les explica esto a los padres?

Según Lucy, explicar a los padres que su hijo es víctima de acoso escolar es realmente difícil:

«Pero en ocasiones hay niños que parecen no encajar. Por ejemplo, si se quejan continuamente y no dejan de lloriquear y decir: "Alguien me está molestando", a veces es fácil ver si únicamente lo hacen para llamar la atención o si hacen cosas que disgustan a los demás. Con frecuencia se mueven continuamente de un lado para otro y, a pesar de todos los recursos ofrecidos, no parecen capaces de hacer una elección y calmarse. En contadas ocasiones, un niño es infeliz porque los demás no quieren saber nada de él, y pedir a los demás que le dejen jugar no siempre da resultado. Por otro lado, hay veces en que se meten con un niño y, al parecer, no hay ninguna razón para ello».

Al preguntarle qué hacen los profesores en este caso, Lucy continúa:

«Tenemos que reaccionar frente al contexto individual. Tratamos de apoyar al niño sugiriéndole actividades que podrían gustarle, pero hemos de tener cuidado de no impedir que otros niños se acerquen. Con todo, es interesante comprobar que a veces los padres nos cuentan lo que los niños dicen sobre el tiempo que pasan en el colegio, y esas descripciones pueden ser muy diferentes de lo que realmente sucede. Programamos una entrevista porque estábamos muy preocupados al ver que una niña no conseguía jugar con los demás, y ni siquiera tenía una amiga, pero cuando los padres llegaron, nos contaron que su hija era muy popular y cuánto disfrutaba jugando con los demás. Esto resolvió un aspecto, pero nos quedamos desconcertados y, como no queríamos desilusionarles, no afrontamos el verdadero problema».

«Ocasionalmente», añadió Graham,

«tenemos que mantener a dos niños separados. El encuentro de personalidades diferentes puede acarrear conflictos y tenemos que asegurarnos de que nadie resulta herido. Nos tomamos tiempo para construir la confianza de los niños por separado y después tratamos de juntarlos en una actividad en la que ambos disfruten. Pero siempre estamos dispuestos a intervenir cuando las cosas no resultan bien».

Pregunta 6: ¿Cómo se aborda el tema del acoso escolar en un contexto de enseñanza primaria?

Myra, directora de enseñanza primaria, explica:

«A principio de curso invitamos a todos los padres a una reunión para exponerles lo que ofrece nuestro centro. Normalmente empezamos explicando todas las diferencias en el plan de estudios y exponemos cómo apoyamos a los niños a los que les resulta difícil el cambio. Tras nuestra exposición, algún padre suele animarse a preguntar acerca de nuestra política de conducta y lo que sucede cuando un niño transgrede nuestras normas. En esta etapa, la reunión se mantiene en un nivel general. Informo a los padres de que podrán entrevistarse con el tutor de cada aula y... ¡observo cómo algunos de ellos dejan de escuchar! Es asombroso lo egocéntricos que son algunos padres.

Es habitual que la reunión empiece con un debate sobre nuestro modo de responder cuando los padres solicitan autorización para sacar a los niños del colegio en horario lectivo con el fin de llevarlos al dentista, sobre las vacaciones trimestrales, etcétera, pero estamos seguros de que alguien preguntará sobre cómo respondemos a los alumnos que interrumpen en clase. Muchos padres piensan que la política de inclusión es perjudicial para la educación de sus hijos y necesitan comprender que con esta política aumentan los beneficios para todos los niños. Los progenitores explican que los niños con diferencias de aprendizaje reclaman mucha atención del profesor y que la disciplina y el plan de estudios se resienten. No quieren niños agresivos o que molesten en clase. Este tipo de observación suele servir para introducir la política del centro sobre el acoso escolar. O, si ha habido muchos casos de acoso, afronto el tema, aseguro a los padres que sabemos lo que ha pasado y les explico que la política del centro escolar contiene los pasos que damos para combatirlo».

Pregunta 7: ¿Distribuís fotocopias de la política del centro?

Myra continúa:

«No lo hemos hecho aún porque hasta hace poco parecía innecesario y caro. Informábamos a los padres de que había un ejemplar de consulta en la administración. Tampoco queríamos hacer público que algunos de los padres de nuestros alumnos tienen dificultades para entender el inglés. Pero les aseguraba que tomamos el acoso escolar y cualquier conducta agresiva muy en serio, y que todos los niños tienen derecho a verse libres de preocupaciones con el fin de beneficiarse del tiempo que pasan en el colegio.

También aseguro a los padres que el acoso escolar ha sido una preocupación para los educadores desde hace tiempo. No es una idea nueva. De hecho, les muestro un extracto de las Directrices publicadas por el Department for Education and Science en 1993, donde se afirma: "El papel del colegio es proporcionar el nivel máximo de educación para todos los alumnos. Un entorno estable y seguro es un requisito esencial para alcanzar esta meta. La conducta de acoso escolar, por su misma naturaleza, socava la calidad de la educación y causa daño psicológico. Como tal, es un problema que debe ser abordado positivamente y con firmeza por medio de una gama de estrategias escolares gracias a las cuales a todos los miembros de la comunidad escolar se les permite actuar efectivamente para afrontar esta conducta"».

Pregunta 8: En el lenguaje cotidiano ¿qué les decís a los padres?

Yo ofrezco estos consejos:

- Es importante mantener un sentido del equilibrio en toda conversación sobre el acoso, porque muchos niños terminan el colegio sin ninguna necesidad de afrontar esta cuestión.
- Así, los padres no deberían estar demasiado preocupados, especialmente porque todos los miembros del personal docente están totalmente comprometidos en mantener la seguridad y la felicidad de los alumnos.
- Si se dan casos de conducta inaceptable o de acoso escolar, hay una política escolar y se siguen atentamente las directrices del colegio.
- Si estáis preocupados, contactad con el colegio. No lo retraséis, porque puede ser más fácil resolver las disputas antes de que la situación se agrave.

Escuchemos ahora a los padres y oigamos cuáles son sus preocupaciones.

Pregunta 9: ¿Cómo podemos saber si nuestro hijo sufre acoso en el colegio?

Los consejos de los profesionales a los padres de niños pequeños son los siguientes:

- Observad cualquier cambio en los patrones del juego del niño, o en sus actitudes o actividades. Es frecuente que los niños representen lo que les sucede durante el día. Así, una niña que cuida como una madre a una muñeca puede pasar a abofetearla; los juguetes preferidos pueden ser rechazados, e incluso destruidos, porque pertenecen a la infancia. Es posible que al niño le hayan dicho que es un bebé y esta es una manera de afrontar el resentimiento.
- Estad atentos a las regresiones a etapas anteriores de desarrollo, como, por ejemplo: aferrarse al padre o a la madre, o negarse a perder de vista a un adulto, chuparse el dedo, mecerse u orinarse en los pantalones. Todos estos fenómenos son señales de angustia.
- Observad si ya no invitan a vuestro hijo a fiestas u otros acontecimientos sociales.
- Fijaos en los hermanos menores, porque es posible que vuestro hijo empiece a acosarles. Esto se debe a que una persona que es víctima puede reaccionar convirtiéndose en acosadora.
- Observad si vuestro hijo no quiere hacer ningún comentario sobre el colegio o si hay señales de angustia cuando se menciona el centro escolar.

Y en el caso de los niños de mayor edad, los signos que habría que observar son:

- Vuestro hijo puede mostrarse reacio a ir al colegio o negarse a caminar solo hasta el centro escolar, aunque esto era lo que hacía anteriormente sin quejarse.
- Los niños podrían asegurar que están enfermos, en particular que les duele la cabeza o la barriga, pero deja de dolerles cuando el colegio ha empezado o se ha justificado la ausencia.

El acoso escolar en la infancia christine macintyre

- Podría haber desperfectos en los objetos personales: por ejemplo, libros rotos, o un estuche perdido, o el dinero para el comedor podría «extraviarse».
- Piden dinero repetidamente y tienen reacciones exageradas si se les niega.
- El niño podría tener dificultad para quedarse dormido y necesitar la compañía de un adulto para sosegarse, o podría insistir en mantener encendida la lámpara de la mesilla toda la noche.
- El niño podría negarse a comer, especialmente en el desayuno. Esto es especialmente probable si la fuente de acoso escolar es el sobrepeso del menor.
- Si le preguntas: «¿Qué pasa?», el niño dice: «Nada», pero es evidente que está preocupado y/o deprimido.
- Tu hijo muestra alguna clase de regresión física, como la enuresis o incontinencia nocturna, cuando antes no se orinaba en la cama.
- El niño tiene pesadillas con frecuencia.
- Un niño sociable puede volverse retraído y quiere pasar el tiempo a solas en su habitación.
- Un niño feliz puede volverse irritable y deprimido –aun cuando la causa podría ser el inicio de la adolescencia–. Los cambios de humor y/o las afirmaciones de inutilidad podrían convertirse en la norma, por ejemplo: «Nunca haré bien nada... No voy a intentarlo».
- La actividad excesiva podría enmascarar signos de depresión. Hay que observar también si agita o mueve demasiado las manos. Hay que alertar al colegio o al médico si esto persiste.
- El niño rinde menos en el colegio, o se concentra menos, o le falta entusiasmo o motivación.
- Recibe menos SMS, mensajes de correo electrónico o llamadas telefónicas.
- El niño muestra un interés repentino y excesivo en la ropa y exige insistentemente productos informáticos.
- El niño tiene un deseo obsesivo e imprevisto de coleccionar cosas que no le habían interesado antes.

Pregunta 10: ¿Qué pueden hacer los padres para tratar de impedir que su hijo sea acosado?

Los padres pueden tratar de asegurar:

- Que su hijo llegue puntual al colegio, porque los alumnos que llegan tarde irritan al profesor y a los compañeros, ya que interrumpen el desarrollo de la clase y obligan a repetir las explicaciones.
- Que los niños sean limpios y ordenados, y que vayan bien vestidos; que lleven pañuelos de papel y que ¡está prohibido limpiarse los mocos en la manga!
- Que sus hijos no tengan sobrepeso, porque esto puede ser una fuente de insultos que les lleve a ver la comida como una terapia contra la depresión, lo cual empeoraría las cosas.
- Que los niños no tengan hábitos que molesten a otros, como gimotear, exigir demasiada atención, comer ruidosamente o mascar chicle con la boca abierta, e incluso decir las respuestas correctas antes de que otros hayan tenido tiempo para pensar.
- Que los niños comprendan las diferentes formas que puede adoptar el acoso escolar.
- Que sus hijos sepan lo que deben hacer, por ejemplo:
  - si son acosados (por ejemplo, permanecer en un grupo, porque es menos probable que los acosadores agredan a una persona que está rodeada por otras);
  - a quién informar (por ejemplo, que su profesor es el mejor punto de contacto en el primer momento, pero que hay otras personas disponibles, como la enfermera del colegio o un profesor de apoyo, si esto es más fácil);
  - dónde acudir en busca de ayuda si no se han tomado medidas (por ejemplo, el despacho del director) o si ven que alguien está acosando;
  - cómo consolar a la víctima y cómo ser un «amigo responsable» (por ejemplo, apoyando a la víctima sin convertirse en víctima).

El acoso escolar en la infancia christine macintyre

Por encima de todo, los niños deberían saber que sus padres o cuidadores en casa les prestarán apoyo.

Después, si el colegio informa a los padres de que su hijo es víctima de acoso, estos deberían hablar con el niño sobre el acoso escolar y hacerle saber:

- Que están orgullosos de él por haber tratado abiertamente el problema.
- Que ha hecho lo correcto al informar y que la solución del problema es responsabilidad de los adultos.
- Que el acoso escolar no es nuevo –les sucede a muchos menores y el culpable es el acosador.
- Que ellos, los padres, comprenden que ser acosado es una experiencia terrible, y que apoyarán siempre a su hijo.
- Que trabajarán junto con su hijo para superar el problema (por ejemplo, si se sabe quién es el acosador, hay que recurrir a estrategias de evitación hasta que se establezcan otras medidas).

Si el niño se siente muy infeliz, habría que plantearse la posibilidad de un tiempo de «enseñanza en casa». Otra posibilidad es la de implicar al niño en una nueva actividad que desarrolle sus intereses. Esto podría constituir una distracción sana, especialmente si están presentes grupos de niños distintos.

Pregunta 11: Si los niños tienen una diferencia de aprendizaje, ¿hay que informar a los otros niños? ¿Hay que etiquetar a algún niño?

Si los demás niños tienen que ser informados acerca de la diferencia de aprendizaje de un compañero es una cuestión muy importante y que depende totalmente del deseo de los padres. Si un niño tiene una dificultad específica o una diferencia de aprendizaje, los padres y los profesores pueden considerar conjuntamente si es preciso informar a los demás niños, porque entonces saben que cualquier conducta molesta –como dar golpes e invadir el espacio personal de otro, o levantarse con demasiada frecuencia– no es culpa del niño.

Este conocimiento puede llevar a un nivel más profundo de comprensión. Ciertamente es de esperar que los niños que conocen la dificultad de otro compañero no comenten ni tengan ninguna otra forma de conducta inaceptable. Entonces, el hecho de «no saber» no es ya una excusa válida. La mayoría de los niños pueden ser compasivos si comprenden lo que pasa, especialmente si pueden ver que el niño trata de hacer frente a la discapacidad.

Pregunta 12: ¿Hay que etiquetar al acosador?

Es comprensible que haya una cierta reticencia a etiquetar como acosadores a los niños que cursan la educación infantil y primaria, porque las etiquetas pueden mantenerse incluso cuando el niño madura, se produce una mejoría en la enfermedad y cambia la conducta. También hay que considerar atentamente las profecías que por su propia naturaleza tienden a cumplirse: si los niños etiquetados como acosadores se esfuerzan en vivir de acuerdo con sus etiquetas, la situación empeora. La angustia que está sufriendo la víctima es sumamente importante, pero es posible que también el acosador esté pidiendo ayuda.

Pregunta 13: ¿Cuál es la mejor manera para que los padres contacten con el colegio?

La mejor forma de contacto de los padres con el colegio consiste en escribir una carta explicando sus preocupaciones. Una carta hace posible que los profesores tengan tiempo para asimilar el contenido y reflexionar sobre la participación de ese niño en el colegio. Es útil que el director tenga autorización para comunicar el contenido de la carta a otros miembros clave del profesorado –que podrían ser el profesor de educación especial o el supervisor del patio de recreo–, de modo que se pueda lograr una imagen más completa; pero si los padres prefieren que no sea así, pueden estar seguros de que toda la correspondencia será confidencial. Los padres deberían exponer con claridad cuál es su preferencia.

El acoso escolar en la infancia christine macintyre

Aunque esto parece bastante directo –en el sentido de que el colegio identifica a los alumnos y da pasos de acuerdo con la política del centro–, la realidad es compleja. Esto se debe a que una acción que es considerada como una conducta ofensiva y de acoso por un niño vulnerable –que podría desmoralizarse por sus efectos–, podría ser neutralizada por un niño más resiliente, capaz de reaccionar sonriendo o de responder de un modo jovial y «despreocupado» y seguir como si el episodio no le hubiera afectado. Lamentablemente, al niño vulnerable no le resulta fácil imitar al más extrovertido y seguro de sí mismo ni seguir el consejo: «Defiéndete tú solo». De hecho, cabe dudar que deba hacerlo, porque esto podría encubrir la conducta inaceptable y no impedir de ningún modo que los acosadores siguieran molestando.

Lo importante es que los padres den a conocer sus preocupaciones. A veces, los profesores pueden demostrar que no estaban justificadas, pero con las nuevas «tres erres» (del sistema escocés) –«respeto, relaciones y cuidado responsable»–, el ideario del colegio anima a los padres a implicarse de verdad en la educación de sus hijos y a tomar parte en sus altibajos.

Shona, profesora de niños de seis años, explica:

«Me sorprendió mucho una mamá que llegó en el momento del recreo. Estaba muy apesadumbrada, casi angustiada por la preocupación. A punto de romper a llorar, me explicó que los demás niños no querían jugar con su hijo en el recreo, y que estaba solo y triste durante la mayor parte del día. La acerqué a la ventana para que echara un vistazo ¡y allí estaba Alex, en medio del grupo, disfrutando del recreo! La mamá se sintió asombrada y muy aliviada. Pude imaginarme los pensamientos que pasaron por su cabeza, cómo se había sentido angustiada y cómo había compensado cada día a su hijo porque pensaba que era infeliz. El hecho de compartir su preocupación había servido para disiparla ¡y a Alex le aguardaban menos regalos!».

Pero, naturalmente, hay otros casos en los que los profesores no han percibido la infelicidad de los niños, porque a veces estos sonríen para no tener que admitir que han sido acosados. Todos los padres deberían contactar con el colegio inmediatamente, porque esto impide que los pequeños incidentes vayan a peor. Todos los incidentes se toman en serio y se siguen los procedimientos. Si estos no surten efecto, se invita a los padres a una entrevista en el colegio para discutir otras posibilidades.

El mensaje clave para los padres es que den a conocer pronto sus preocupaciones. Si son infundadas, ¡estupendo!; y si no, se pueden dar pasos para solucionar el problema. Nadie quiere aceptar la afirmación de Byrne (2003) según la cual «siempre habrá acoso».

Pregunta 14: ¿Qué hacéis si descubrís que un niño ha estado molestando a otro? ¿Cómo lo solucionáis?

Si un niño ha estado acosando a otro, tratamos de relativizar la situación calmando al acosado. Si ha sufrido daño físico, entonces, naturalmente, se le atiende al instante, se presta atención inmediata al niño angustiado y se le mantiene ocupado con su actividad preferida. No pedimos explicaciones de inmediato. No obstante, si se trata de una agresión, mantenemos al niño aparte, le damos un libro para que lea y esperamos. Seguimos el sabio consejo de Paul Harris (1992). Paul explica que ya los niños de cinco o seis años comprenden que la intensidad del sentimiento se reduce después del acontecimiento. Hemos descubierto que obtenemos descripciones menos impulsivas y probablemente más exactas de lo sucedido después de un intervalo de espera. De hecho, hay niños que dicen: «Lo resolveremos nosotros solos. Ha sido una riña sin importancia. En realidad, somos amigos». Desearíamos que fuera así en todos los casos, pero siempre hay niños a los que les resulta difícil tolerarse entre sí.

En este caso, usamos la estrategia de los «seis sombreros para pensar» de Edward de Bono (véase el Apéndice). Tenemos círculos de cartón de diferentes colores que representan los sombreros. Es sorprendente, pero el mero hecho de tenerlos aligera y despersonaliza en encuentro. Primero, el profesor, con un sombrero azul, pide a cada niño que describa lo sucedido. Después, los niños describen las consecuencias, es decir, «lo que pasó y cuál fue el resultado». Luego, toman un sombrero verde y responden esta pregunta: «¿Qué otra cosa podríais haber hecho? Pensemos formas mejores de resolverlo». Más tarde, se ponen sombreros negros y consideran atentamente si el nuevo plan podía haber tenido desventajas. Esto les da la posibilidad de pensar otras cosas que no habían mencionado. Si resolvemos la situación, decimos: «Lo hemos resuelto, pongámonos nuestros sombreros amarillos de felicidad y alegrémonos». A veces, es suficiente que los niños vean que se toma en serio el problema y sepan que son observados. Pero si esto no surte efecto, se inicia un debate más largo y hay que hablar de sanciones.

Pregunta 15: Los acosadores ¿actúan normalmente solos?

Es cierto que los acosadores pueden actuar solos, pero es más frecuente que quieran que otros vean el efecto de sus burlas. Quieren ser vistos como los que tienen poder. Alguno incluso saborea el hecho de ser el chico malo. Representan para un público. A veces, el cabecilla insiste en que otros niños colaboren, y es posible que estos tengan miedo de decir «no». Entonces se forman pandillas y aumenta considerablemente la dificultad de obtener relatos precisos de los acontecimientos.

Pregunta 16: ¿Se puede decir que las víctimas «lo están pidiendo»?

«Nadie debería verse obligado a hacerse diferente», afirma Calum,

«pero los niños necesitan comprender cómo son vistos los demás y a veces necesitan estrategias sencillas que les ayuden a cambiar. A los niños impulsivos se les puede aconsejar: "Cuenta hasta diez y piensa antes de actuar"; los niños tímidos pueden aprender y repetir el mantra: "Puedo conseguirlo" y también: "Nadie tiene derecho a molestarme. Hoy seré fuerte". Y los niños tienen que saber que si pegan a otro, es probable que les peguen a ellos, tal vez más fuerte; por eso es de sabios desistir. Y, naturalmente, hay niños que se molestan mutuamente, se pegan y disfrutan peleándose. Todas estas variedades y matices hacen que la vida sea interesante, pero hacen también que los problemas resulten difíciles de resolver».

Muchos profesores lo comprenderán y estarán de acuerdo.

Pregunta 17: ¿Qué hace el colegio para ayudar a la víctima?

Francis, profesor de niños de siete años, responde:

«Lo primero es asegurar a las víctimas que tienen nuestro apoyo y después comprobar cuáles son los momentos "vulnerables", es decir, los momentos en que tiene lugar el acoso. La mayor parte de las veces sucede en el patio. Tenemos un sistema de "amigos responsables" y a veces ayuda, porque es frecuente que los niños responsables sepan lo que sucede mejor que los profesores. Tenemos que informar de los contratiempos y los traumas, pero dependiendo del incidente, tratamos de afrontarlo inmediatamente, manteniendo la acción en un nivel discreto y sin permitir que las cosas se agraven.

Con la insistencia personal y social en el plan de estudios, hay un tiempo reservado para discutir problemas hipotéticos, pero no es suficiente. Intentamos debatir sobre diferentes clases de problemas y dar a los niños tiempo para pensar formas aceptables de arreglárselas en diferentes situaciones apuradas; por ejemplo, si una pandilla de chicos se les acerca, ¿qué deben hacer? Esto es educar de verdad, aunque no sea enseñanza formal, pero tristemente es posible que ese tiempo se dedique a preparar exámenes. Con todo, tratamos de transmitir el mensaje del "respeto mutuo". Por desgracia, la insistencia en los resultados de los exámenes hace que los niños menos capaces estén expuestos a más desprecios».

Pregunta 18: ¿Qué hace el colegio para ayudar al acosador?

Francis continúa:

> «Tenemos una enfermera que actúa como orientadora y una primera línea de apoyo para todos los niños. Los niños acuden a Lyn con toda clase de preocupaciones y sufrimientos. Saben que ella no dirá nada si no tiene que hacerlo, y pueden ser sinceros. Ella mantiene un registro de las visitas, y esto puede servir como prueba de diferentes víctimas que apuntan al mismo acosador. Este registro puede mostrar también a los acosadores sádicos que están en la lista negra, pero generalmente Lyn mantiene una actitud positiva. Y dice cosas como: "Necesito un buen informe para mejorar tu expediente. ¿Qué te parece? Dime cuándo has sido amable y servicial". Así, los acosadores saben que también se tomará nota si su conducta mejora».

Pueden verse estrategias y ejemplos del trabajo de los niños sobre el tema del acoso escolar en los capítulos 5 y 6.

Pregunta 19: ¿Hay alguna razón evolutiva por la que algunos niños son propensos a convertirse en acosadores o en víctimas?

Igual que en todos los demás aspectos del desarrollo, los niños pueden madurar siguiendo diferentes ritmos, de modo que la empatía y el altruismo –que son las cualidades que permiten a los niños comprender cómo se sienten otros, y llevarles a dar pasos para ayudar a los necesitados– pueden surgir en momentos diferentes.

Puede suceder que los niños tomen una decisión consciente de rechazar tales sentimientos porque otras estrategias permiten obtener resultados más rápidamente.

Harris (1983) señala una paradoja interesante en esta explicación:

«Los niños, independientemente de su formación familiar, comprenden que determinadas acciones, particularmente hacer daño o molestar a otro niño, están mal, pero hay una gran variedad entre los niños en lo relativo a su disposición o capacidad de obrar de acuerdo con estos ideales. Saben teóricamente que ciertas acciones son inaceptables, pero les resulta más difícil hacer que su comprensión sea la guía de sus acciones. Cuando pueden hacerlo, es porque han desarrollado la empatía y el altruismo».

El altruismo recibe a veces el nombre de «conducta prosocial». Es una conducta voluntaria cuya finalidad es beneficiar a otra persona, mientras que la empatía es la capacidad de comprender los sentimientos de otro. La empatía es la precursora de la conducta altruista. Como todas las demás conductas, la empatía y el altruismo cambian con la edad. Parece que las conductas prosociales aumentan en la mayoría de los niños a medida que avanzan en edad. Bee (1999) afirma que, por lo general, los niños que cursan enseñanza primaria donarán más a una buena causa que los niños más pequeños; pero resulta interesante observar que estos consuelan más a otros niños, mientras que los niños de enseñanza primaria están menos dispuestos a consolar a otros. Los que muestran una conducta más prosocial son los que controlan bien sus propias emociones.

Pregunta 20: ¿Hay formas de estimular la conducta altruista?

Eisenberg (1992) ofrece algunos consejos y sostiene que los pasos siguientes promoverán el espíritu que hará posible que los niños desarrollen el altruismo:

• Aprovechad la capacidad del niño para la empatía señalando las implicaciones emocionales o físicas que tiene para la persona el hecho de ser objeto de burlas u ofensas. Preguntad: «¿Cómo hizo que se sintiera (el niño herido)?».

- Cread una atmósfera cariñosa y familiar. Los niños que tienen un vínculo afectivo más firme serán probablemente más altruistas. Lo ideal es que se diga a los niños que son amados y que lo descubran por ósmosis.
- Buscad oportunidades para elogiar a los niños por sus comportamientos altruistas, por ejemplo: «¡Qué amable fuiste al compartir tu merienda!». Que sepan que esa conducta tiene una importancia vital y que es reconocida. Dad recompensas por los comportamientos amables. En el colegio, por ejemplo, dejad que un niño amable cuelgue una hoja en el árbol de la amabilidad del colegio y, en casa, que tenga un tiempo extra para dedicarlo a una de sus actividades preferidas.
- Estableced normas que expresen con claridad la conducta servicial; por ejemplo: «Vamos a recoger todos», o también: «Todos deberíamos compartir con niños que tienen menos que nosotros».
- Presentad como modelo una conducta reflexiva y respetuosa, de modo que los niños vean que ponéis en práctica lo que decís.

Pero sigue habiendo diferencias. Harris observó a niños de cuatro años cuando su madre les dejó en una habitación con un hermano menor que estaba mostrando angustia por la partida de la madre. Algunos niños dejaron de jugar inmediatamente para consolar al bebé, pero otros ignoraron los gritos del pequeño. Estas diferencias, ¿podrían deberse al temperamento del niño?

Pregunta 21: ¿Hay alguna relación entre el temperamento infantil y las conductas de acoso? ¿Hay niños que nacen como acosadores?

Tanto las madres como los investigadores respaldarán la teoría según la cual los niños nacen con temperamentos diferentes. Algunos niños son irritables e inquietos desde el principio, mientras que otros son tranquilos y fáciles de criar. A veces se presentan las características temperamentales en un *continuum*, y se sostiene que son relativamente duraderas y afectan a la visión del mundo que tienen los menores. En la guardería, es más probable que los niños con temperamentos difíciles muestren mayor agresividad u otros problemas de conducta, y tal vez estos persistan. No obstante, normalmente se puede mejorar este rasgo por medio de destrezas parentales de apoyo, continuas y cariñosas, particularmente en los primeros años de vida (Bee 1999). Sin embargo, los niños hipersensibles o que se estresan fácilmente son más vulnerables que los que tienen un temperamento apacible, especialmente si falta el apoyo. Un rasgo temperamental que afecta particularmente al acoso escolar es:

resiliencia ———— vulnerabilidad.

En una misma situación, los niños resilientes y los vulnerables tendrán percepciones muy diferentes de los acontecimientos. Los resilientes se concentrarán en los sucesos afortunados o más felices, mientras que los vulnerables verán las desventajas y los aspectos negativos. Aquellos ven la bolsa de golosinas medio llena y son felices, mientras que estos la ven medio vacía y están tristes. No es difícil observar que algunos niños sonríen instintivamente y atraen a los demás hacia ellos, mientras que otros fruncen el ceño y rechazan las propuestas de juego. Esta diferencia heredada puede ciertamente afectar a la competencia social de los niños y a su popularidad.

Pregunta 22: ¿Cómo afecta el temperamento al acosador y a la víctima?

Alice, directora de un servicio de orientación para un grupo de colegios, explica:

«Cuando debatimos sobre los sentimientos de la víctima después de un episodio de acoso escolar, tratamos de asegurarnos de que el acosador comprenda el efecto que ha tenido su conducta. El acosador tiene que identificarse con el otro niño. Pero es muy difícil saber si esto ha ocurrido. En una situación donde se echa la culpa a alguien, las expresiones faciales no son espontáneas; es probable que estén controladas o incluso manipuladas, de modo que se reprimen los verdaderos sentimientos.

El acoso escolar en la infancia christine macintyre

No siempre es posible saber si los niños fingen ante los ruegos de un adulto o si realmente lamentan lo que han hecho. A veces, el niño que es considerado víctima puede sonreír nerviosamente, y el acosador lo interpreta mal y siente que ha sido engañado; y si la víctima ha planeado la situación para causar problemas al supuesto acosador –y algunos niños pueden confabularse para que esto suceda–, entonces su lenguaje corporal no se corresponde con sus palabras y el "acosador" puede darse cuenta de ello y prometer venganza en silencio.

¿Es posible que algunos niños no hayan madurado suficientemente –porque no nacemos siendo altruistas– o que no hayan tenido modelos que imitar que les muestren cómo comportarse? Si falta la capacidad para comprender la perspectiva de otra persona, si el niño no ha desarrollado lo que se conoce como "teoría mental", entonces un acosador podría tener que ofrecer consuelo en una situación que para él no es angustiosa. Así, aquello de "di que lo sientes" no es una solución eficaz y la interacción surte muy poco efecto».

Pregunta 23: Y después del diálogo, ¿qué?

El grupo anti-acoso estaba deseoso de seguir el ejemplo de Harris (1992) y, allí donde fuera posible, cimentar su plan de estudios sobre el desarrollo social y emocional. Como resultado decidimos que, si tienen lugar sucesos lamentables, afrontamos la situación con los alumnos porque, de todos modos, ellos saben lo que está pasando. Decimos cosas como: «De acuerdo, hoy hemos tenido un incidente infeliz, pero vamos a resolverlo ahora». Después tenemos que decir si el incidente ha sido grave y cómo se ha abordado. Y si se ha debido a un malentendido, decimos: «Ya no es importante y está olvidarlo, porque las personas implicadas son ahora amigas y trabajan bien juntas». Los niños ven cómo tratamos de ser justos, escuchando al acosador y a la víctima por igual, e insistimos en que haremos todo lo posible para impedir que vuelvan a producirse sucesos infelices. Nos adherimos al mantra: «Todos trabajamos para que esta clase sea la más amable del colegio. ¿Estamos todos de acuerdo?». Generalmente –y por fortuna– la mayoría de los niños asienten.

4

Desarrollar conductas prosociales: comprender las amistades

Jason, un niño de 12 años acogido por una familia, escribió este poema:

No contéis a los demás niños
que no vivo en mi casa.
A decir verdad, no es culpa mía
que esté aquí completamente solo.

Mi mamá estaba siempre mal,
mi papá estaba en alta mar.
No tengo tías que me cuiden,
y me encontraba totalmente solo.

Los trabajadores sociales llegaron
y pensaron que no podía seguir así.
Mi mamá me dijo que fuera valiente
y que nunca perdiera la esperanza.

Tuve que salir de casa y ser acogido.
Esta familia me quiere.
Otros cuidan de mi mamá,
ella me dice que no importa.

Pero esto no es tener un hogar,
me siento furioso y enojado.
No quiero vivir con otra gente,
pero ya no tengo a mi familia.

Jason, de 12 años de edad

El acoso escolar en la infancia christine macintyre

Escuchemos a Gil, que describe las experiencias con sus «niños acogidos». Esto es particularmente relevante, ya que muchos «niños en acogida» proceden de familias desestructuradas. Ello no quiere decir que estos niños sean acosadores o víctimas, sino que más bien se trata de explicar diferentes factores como, por ejemplo, la falta de continuidad, la auto-culpabilización por la discordia matrimonial, la enfermedad, la pobreza, es decir, problemas que por separado o juntos podrían contribuir a las dificultades de conducta de los niños y la falta de seguridad en sí mismos.

Gil explica su experiencia con Amy y Sharon:

«Durante más de un año he acogido a una niña de cuatro años y a su hermana de dos. Acaban de ir a vivir de nuevo con su mamá y su papá, que antes no podían mantenerlas. Aunque la información sobre los padres es muy limitada, sé que también ellos han sido "cuidados". Quizás esta sea la razón por la que al parecer aceptaron, sin ningún rencor o aparente pena, que yo cuidara de sus hijos hasta que ellos pudieran tenerlos de nuevo.

Las dos niñas tenían temperamentos muy diferentes. Amy estaba muy vinculada a Sharon, su hermana menor. Siempre cuidaba de ella, y comprobaba si su botella estaba llena y que el agua del baño estuviera a la temperatura adecuada… y otras cosas comos estas. Daba la impresión de que había tenido una gran responsabilidad sobre su hermana en casa. Era sonriente y obediente, se adaptaba a sus nuevos entornos fácilmente y parecía independiente y segura de sí misma. Su hermana menor era muy distinta. Es posible que el factor edad tuviera algo que ver con ello. Era muy difícil calmarla; a veces era desafiante, pero al mismo tiempo se hacía querer y, por supuesto, sabíamos que había sufrido muchos cambios y alteraciones en su corta vida. Había aprendido muy pronto que diciendo: "Lo siento mucho, mucho" ablandaría nuestros corazones, y era difícil establecer límites cuando las rabietas y la destrucción eran la norma. Naturalmente, me encariñé mucho con las dos niñas y, aunque quería que la familia se uniera de nuevo, me sentía desolada ante la idea de perderlas.

Pero cuando llegó ese momento, ellas parecían totalmente indiferentes. Sencillamente hicieron las maletas y se fueron. Entonces comprendí que no habían establecido ningún vínculo conmigo. ¿Era esto un mecanismo de supervivencia contra la posibilidad de ser heridas? ¿O simplemente no tenían emociones? Tal vez no deberíamos esperar que los niños, incluso de tan corta edad, se vinculen con una persona que no pertenezca al círculo familiar. Traté de que tuvieran una buena infancia, pero, por supuesto, ahora comprendo que mis metas eran muy diferentes de las suyas. Parecía que habían aceptado la idea de sacar a pasear al perro, nadar con los niños de los vecinos y adquirir hábitos alimenticios saludables, pero daba la impresión de que no les preocupaba dejar todo esto. Tal vez ver la tele a todas horas y comer fuera de casa les resultara más atractivo. Posteriormente pude hablar con los padres de manera informal, y la madre me explicó que sus hijas habían sido acogidas de nuevo. Le pregunté si lo habían pasado mal por tener que volver a dejar su hogar. "De ninguna manera", respondió la madre. "Les he dicho que es otra aventura. ¿Por qué iban a estar disgustadas? De hecho, están mejor lejos de las riñas continuas entre nosotros. Siempre hay alguien gritando, y no es el mejor lugar para las niñas". A la vista de la manera en que han vivido estas niñas, me pregunto si esta falta de vinculación afectiva es buena o mala. Si no se vinculan ahora, ¿impedirá esto que construyan relaciones sólidas más adelante? ¿Influirá en su futuro, o tal vez lo único que ha pasado es que yo he fracasado y ellas habrían sido más felices en otro hogar?».

Vínculo y apego

Gil plantea una cuestión importante: el vínculo afectivo. En las últimas décadas, este ha sido un tema controvertido, y las tesis primeras (Ainsworth 1973) de la inmediatez del vínculo y su importancia para mantener relaciones duraderas fueron reemplazadas por antítesis según las cuales

El acoso escolar en la infancia christine macintyre

«si bien la vinculación en los primeros años puede tener algunos efectos a corto plazo, los beneficios a largo plazo son pequeños o inexistentes» (Myers 1984). Las primeras afirmaciones según las cuales el vínculo afectivo tenía lugar inmediatamente después del nacimiento llevaron a introducir cambios en la práctica hospitalaria y, por ejemplo, los padres entraban en los paritorios para compartir los primeros momentos. Y aunque la mayoría de los padres informaban de que había sido una experiencia positiva, lamentablemente Lewis (1986) no encontró correlación entre el hecho de tener esa experiencia y estar más implicado en el cuidado continuo de los niños.

Sin embargo, investigaciones posteriores negaron la inmediatez del vínculo, y muchos progenitores que tuvieron que ser separados de su bebé, quizá porque había contraído una enfermedad o era prematuro, y otros consternados porque no sentían un vínculo inmediato, se sintieron consolados al recibir la información de que el vínculo podía producirse más tarde, e incluso mucho más tarde, cuando había pasado la depresión posparto. A los primeros investigadores se les criticó porque habían estudiado una muestra muy reducida de niños y habían tenido que basarse en las descripciones que las madres hacían de las reacciones de sus hijos. Más allá del debate en torno al momento, no obstante, muchas familias muy unidas y dedicadas por entero al bienestar de sus hijos a lo largo de toda la vida respaldarían la insistencia de Ainsworth en el valor y la longevidad del proceso de vinculación. Bee (2004) explica que el ingrediente crítico para la formación del vínculo es la oportunidad para «desarrollar una verdadera reciprocidad, para practicar la danza hasta que cada uno de los miembros de la pareja sigue suave y placenteramente el ritmo del otro». El aprendizaje que esto implica requiere tiempo y paciencia, y no todos los adultos tienen éxito.

Lamentablemente, hay factores que dificultan la formación del vínculo afectivo. La depresión en la madre es muy significativa, no solo porque la vinculación se retrasa, sino porque muchos progenitores deprimidos consideran que sus hijos son más problemáticos y más críticos con respecto a ellos, aunque los observadores externos no perciban negatividad en su conducta. Los vínculos de los padres son también importantes. Algunas investigaciones han descubierto que los vínculos inseguros en los progenitores dentro de sus propias familias implican que es menos probable que se vinculen con éxito con sus propios hijos.

Donde el vínculo ha tenido lugar, se está de acuerdo generalmente en que, en el contexto de las situaciones sociales, los hijos usarán a la madre como una base para explorar y se sentirán estresados por su ausencia. Para tratar de descubrir cómo reaccionaban los niños, Ainsworth (1973) ideó una manera de observarlos cuando estaban situados en lo que era considerado una «situación extraña». En una habitación que el niño no conocía previamente se grababan en video nueve episodios que después eran analizados. Se observaban las reacciones de los niños durante un periodo de veinte minutos, prestando particular atención al momento en que el extraño se unía a la madre (o al cuidador) y al niño, y también al momento posterior, una vez que la madre había salido de la habitación. Se prestaba especial atención a los reencuentros, cuando la madre consolaba al niño. Basándose en esta investigación, Ainsworth estableció diferentes tipos de vínculos. En el momento del reencuentro había:

- Bebés que evitaban la proximidad a la madre y le dirigían un saludo mínimo –si es que reconocían su presencia–. Después evitaban mirar fijamente y, de este modo, limitaban intencionadamente la comunicación.
- Bebés que mostraban angustia por la ausencia de la madre y buscaban su consuelo cuando ella regresaba.
- Bebés que buscaban algún contacto, pero mostraban reacciones ambivalentes.
- Bebés que manifestaban un patrón de conducta desorganizado o desorientado.

¿Por qué eran importantes estas observaciones? Se sugirió que la inclusión en una de estas categorías podría predecir otros aspectos del desa-

El acoso escolar en la infancia christine macintyre

rrollo; en otras palabras, la conducta servía como pronóstico de actitudes y conductas futuras. Oppenheim *et al.* (1988) sostenían:

> «Un vínculo seguro a los doce meses de edad estaba relacionado con la calidad y la sensibilidad de las interacciones cara a cara entre madre e hijo en las semanas 6-15, con la curiosidad y la resolución de problemas a los dos años de edad, con la competencia social en la guardería a los tres años y con la empatía y la independencia a los cinco».

Sin embargo, estos resultados deben ser interpretados con prudencia. Es preciso tener en cuenta las diferentes prácticas culturales (por ejemplo, si las madres habían permanecido con sus bebés o si habían estado separadas de ellos durante algún periodo de tiempo antes de que la investigación hubiera tenido lugar –lo cual afectaba a la novedad del suceso investigado–, o las experiencias previas del encuentro de los bebés con extraños cuando su mamá estaba presente o ausente).

Estos ejemplos muestran que es muy difícil controlar todas las influencias externas cuando se realizan investigaciones con niños muy pequeños, porque sus reacciones pueden variar de día en día –e incluso en el mismo día si están cansados o de mal humor–. También las observaciones de los padres pueden ser parciales, porque ven lo que esperan encontrar y, por tanto, sesgan los resultados.

Diferentes estudios han analizado la angustia de separación en niños de más edad. Se les pedía que observaran fotografías de experiencias de separación –como, por ejemplo, un padre que lleva una maleta y se despide en una estación de ferrocarril– y que describieran los sentimientos (1) que tendría el niño de la fotografía, y (2) los que tendrían ellos mismos si hubieran estado allí. Los niños con un vínculo afectivo seguro reconocieron la angustia de la experiencia, pero dieron respuestas positivas que indicaban que tenían soluciones apropiadas para el problema, mientras que los niños inseguros negaron la angustia o hicieron únicamente sugerencias que no eran realistas o viables.

Vincularse afectivamente con el padre

Aunque generalmente la mayoría de los niños pasan más tiempo y tienen más contacto con su madre, los estudios muestran que los padres pueden ser tan competentes como las madres: pueden desempeñar un papel parental con tanta calidad como las madres (Bee 2004). No obstante, la fuerza del vínculo puede depender de la cantidad de tiempo que el padre puede o desea pasar con el niño, y del número de tareas de cuidado del bebé –como el cambio de pañales– que realice. En Suecia, este descubrimiento motivó que los padres pudieran disfrutar en casa de periodos sabáticos para que establecieran un vínculo más seguro con sus hijos.

Vínculos afectivos más allá de la primera infancia

A la edad de dos o tres años, las conductas de vínculo se hacen menos visibles. Los niños que empiezan a andar tienen capacidades intelectuales que les permiten comprender la promesa de los cuidadores de que volverán, de modo que su angustia de separación disminuye. Así, en situaciones no estresantes, el niño puede apartarse de los padres cada vez más lejos y durante más tiempo sin sentir angustia. A los cuatro años, los niños comprenden que la relación entre ellos y sus progenitores continúa, aunque estos estén lejos, y poco a poco llegan a entender que estando lejos pueden cooperar para alcanzar un objetivo compartido. Esta es la razón por la que resulta tan importante que los padres compartan la planificación: desde el punto de vista cognitivo, los niños tienen la ventaja de su capacidad para expresar los sentimientos. Pero si no se dedica un tiempo a explicar al niño los acontecimientos o si el niño se siente mal, entonces es común la regresión a un modo de comportamiento correspondiente a un periodo anterior de su vida. Por fortuna, la comprensión y el apoyo pueden asegurar que esto sea solo una recaída provisional.

Escuchemos a Lesley:

«Cuando Emily tenía cuatro años, tuve que volver al trabajo para no quedarme atrás y ponerme al día en los avances de las nuevas tecnologías. Me encantaba estar en casa todo el día, pero tenía que volver a mi puesto de trabajo. Así, Emily fue a la guardería que yo había elegido cuidadosamente, y tenía la esperanza de que ella fuera feliz allí. Pero los profesores me dijeron que estaba angustiada la mayor parte del tiempo. Se hacía pis, se quejaba de que le dolía la barriga y empezó a morder y a pegar a otros niños. Yo no podía creerlo, pero cuando fui a recogerla, me pegó a mí también. Cuando los profesores me preguntaron si le había explicado lo que yo hacía cuando ella estaba en la guardería, me quedé asombrada. Le había hablado sobre los otros niños y los juguetes, pero no había pensado que ella desearía saber dónde me encontraba. Cuando se calmó y gimió diciendo: "¿Por qué tienes que irte?", le expliqué que necesitábamos dinero para comprarle ropa y calzado. Al final pensó que ella "estaba trabajando en la guardería para comprar calzado" y cooperó mucho más. Pensaba que las dos estábamos trabajando para conseguir los mismos objetivos. Si esto no hubiera sucedido, podría haber sido etiquetada como una niña horrible. Tengo que decir que no se me había ocurrido darle una explicación detallada como esta. Pensaba que era demasiado joven para entender tales razonamientos. ¡Esto muestra el peligro que corremos al subestimar a nuestros hijos!».

Cordialidad, sensibilidad y hostilidad en el hogar

Estrechamente unido al vínculo está el tono emocional de la casa. Es difícil definir o cuantificar la «cordialidad» o «calidez», pero se reconoce, incluso intuitivamente, que un hogar donde el afecto lo impregna todo proporciona seguridad y una sensación de bienestar. Como era de esperar, las investigaciones muestran que los niños que viven en esta clase de hogar están vinculados con más seguridad en los dos primeros años; su autoestima es más alta, muestran más empatía y una conducta altruista; están más seguros de sí mismos y son más capaces de mantener amistades. La cordialidad hace también que los niños estén más dispuestos a dejarse orientar (Macdonald 1992). Dentro del hogar en el que se respira amabilidad, los progenitores se sienten seguros para mostrarse sensibles hacia su hijo, y esta destreza para captar las señales de los hijos de un modo positivo y alentador está vinculada al desarrollo cognitivo, es decir, al hecho de que los niños tienen un coeficiente intelectual más alto. Los beneficios sociales y emocionales consisten en que los niños son más sociables y están más dispuestos a aceptar cambios en la rutina. Bornstein (1989) afirma que los bebés con padres sensibles aprenden a hablar con más facilidad; tienen coeficientes intelectuales más altos, son más competentes desde el punto de vista social y es menos probable que se dejen llevar por conductas destructivas cuando sean mayores.

Dadas estas ventajas, no es difícil reconocer las desventajas para los niños criados en un entorno hostil y comprender por qué se retira la custodia de los hijos a los padres maltratadores. Pero ¿por qué en un país rico y supuestamente humanitario como el nuestro es cada vez mayor el número de familias que se enfrentan a estas dificultades? Palmer (2006: 13) explica:

«En medio del tumulto del cambio no es sorprendente que los padres hayan perdido de vista verdades multiseculares sobre la crianza de los hijos. En el pasado, las tradiciones culturales y religiosas y el saber popular de la familia extendida se usaban como puntos de referencia, pero muchas familias ya no tienen acceso a ellos».

Así, si las normas sociales no proporcionan ya una orientación y si caen los límites, ¿la coherencia y la cohesión familiar son reemplazadas por la sensación de anomia o falta de normas sin expectativas fijas?

Hostilidad

¿Han llevado estos cambios a una hostilidad creciente en algunos hogares? ¿Cuáles serían las implicaciones de los hijos criados en un entorno hostil? Incluso un nivel pequeño de frialdad puede limitar la comunicación espon-

El acoso escolar en la infancia christine macintyre

tánea entre padres e hijos, y promover en los niños un recelo que influye en su capacidad para entablar relaciones con sus iguales. Más grave es la hostilidad verbal y física continua. Esto hace que los niños se vuelvan agresivos, delincuentes o muy introvertidos. Si no han sido respetados, y ni siquiera escuchados, ¿cómo pueden interactuar respetuosamente con otros? Si un niño ha sufrido abusos físicos, es más probable que sufra depresión y problemas sociales más graves, y es más probable que tome represalias físicas en los encuentros en que se siente frustrado. Los niños que han sufrido abusos sexuales muestran diferentes trastornos de conducta, desde pesadillas y angustia de separación hasta trastornos de estrés postraumático, pasando por otros problemas de conducta y baja autoestima. La gravedad de las reacciones guarda relación con la duración y la gravedad del abuso. Pese a que todo este conocimiento ha servido para elaborar programas educativos para padres y cuidadores, y los trabajadores sociales y profesores tienen una conciencia mucho mayor de los abusos ocultos, parece que la sociedad no es capaz de encontrar una forma de erradicarlos. Estos niños, como reacción frente a lo que han visto o llenos de resentimiento porque reconocen que han sido tratados injustamente, ¿serán propensos a convertirse en acosadores?

Pero, por supuesto, las relaciones se construyen en encuentros entre dos personas. Los niños influyen en sus padres, y viceversa. Y en un momento en que el número de embarazos de adolescentes es cada vez mayor, algunos padres jóvenes e inmaduros están mal preparados para asumir la responsabilidad de la paternidad. Una madre adolescente explicaba:

> «Nadie me había dicho lo difícil que iba a resultarme. No podía turnarme con nadie, tenía que gastarme todo mi dinero en pañales y no podía aguantar el hecho de tener que estar todo el tiempo con la niña y perderme todas las cosas que hacen los adolescentes. Tuve un bebé para tener a alguien que me amara, pero ella no me amaba. Lo único que hacía era llorar y por eso le pegué».

Es una situación muy triste.

Pero incluso cuando los padres tienen más experiencia, el temperamento de los niños puede causar fricciones dentro de la familia.

Niños que nacen con temperamentos difíciles

Desde el principio, algunos niños son más irritables y menos sensibles que otros. Si se quejan durante gran parte del día y no son capaces de adquirir un patrón de sueño regular, la dinámica de la casa puede verse sometida a una presión tremenda, especialmente si se dan otros factores de preocupación como la pobreza, la tensión por terminar los trabajos a tiempo o una mala salud. Además, puede haber fricción entre los padres si no se ponen de acuerdo a propósito de cómo criar al niño. Si uno cambia las «normas» en ausencia del otro, entonces los límites de las expectativas cambian y el niño se siente confuso, porque no sabe si después será elogiado o castigado, o si el resultado será el mismo o diferente para acciones similares. El niño un poco mayor y más experimentado puede enfrentar a los padres entre sí: «¡Mamá dijo que yo podía...!». De este modo se enconan los conflictos y las tensiones. Y porque la mayoría de los padres evitan desahogar su angustia sobre el niño, se pelean entre sí. El niño, aunque queda intacto físicamente, es testigo de una conducta de acoso. Y como el aprendizaje infantil está basado al menos en parte en la imitación de modelos, las semillas del acoso quedan sembradas.

Bee (2004) explica que el temperamento y la docilidad del primer hijo son muy importantes, porque los padres tienen poca experiencia. Ellos se sentirán estresados y exhaustos, y si el niño sigue sintiendo angustia, podrían pensar que son padres incompetentes. Si las dificultades del niño se mantienen cuando ya ha dejado de ser bebé y ha aprendido a andar, y si las expectativas de los padres no se han visto satisfechas, entonces el niño puede ser culpado por el estrés. Los padres podrían recurrir a los castigos físicos. El niño llora con más fuerza y el ciclo de la desesperación se afianza. Las relaciones que empiezan mal necesitan mucho tiempo para sanar y la situación requiere mucha tolerancia por parte de todos.

Estilos parentales

La tipología de estilos parentales de Baumrind (1972) constituye una lectura fascinante. Baumrind considera las cuatro dimensiones mencionadas anteriormente: (1) cordialidad o cuidado, (2) niveles de expectativas o exigencias de madurez, (3) la claridad y consistencia de las normas, y (4) la calidad de la comunicación entre padres e hijo.

- El estilo permisivo. Este estilo es alto en cuidado y atención, pero bajo en exigencias de madurez, control y comunicación
- El estilo autoritario. Este estilo es alto en control y exigencias de madurez, pero bajo en atención y comunicación.
- El estilo autoritativo. Este estilo es alto en las cuatro dimensiones.
- El estilo negligente o no implicado. Este estilo es bajo en las cuatro dimensiones.

¿Qué efecto tiene el estilo parental en los niños? La falta de competencias vitales, por omisión o porque proporciona modelos de imitación lamentables, ¿promueve la conducta de acoso?

El estilo permisivo

Los niños que crecen con padres permisivos tienden a ser poco estrictos en el autocontrol. No asumen responsabilidad de buen grado y, como están acostumbrados a una gran dosis de libertad, pueden volverse agresivos cuando tienen que obedecer las normas de otro. Tienden a ser inmaduros porque no se les ha encomendado tareas ni se les ha pedido que cumplan determinados plazos.

Les resulta difícil anticipar los resultados de sus acciones porque esto no se les ha exigido.

El estilo autoritario

Las familias que tienen un estilo autoritario emplean altos niveles de control y exigencias de madurez, de modo que los niños tienen que obedecer sin poner reparos y sin poder mostrar formas de conducta alternativas. Así, es menos probable que se desarrollen la resolución de problemas y las habilidades de independencia. Los bajos niveles de cordialidad y sensibilidad están asociados también con niños que rinden menos académicamente y están menos integrados socialmente. Si los niños están reprimidos en el hogar, es posible que reaccionen impulsiva o agresivamente cuando prueben la libertad.

El estilo autoritativo

El estilo más positivo por lo que se refiere a los resultados positivos para los cuatro aspectos del desarrollo, incluidos las relaciones, la estabilidad emocional y el desarrollo intelectual, es el estilo autoritativo. Los niños tienen una autoestima más alta porque se les escucha con respeto, y pueden realizar las tareas con la dosis justa de desafío. Son más independientes, pero también están más dispuestos a dejarse guiar por sus padres. Asimismo, es más probable que muestren empatía a los que son menos afortunados que ellos y sus acciones estarán guiadas por el razonamiento moral.

El estilo negligente o no implicado

En este estilo, los padres adoptan una actitud de «dejar hacer» y proporcionan solo el contacto y el cuidado básicos. Como resultado, los niños carecen de orientación y a menudo toman decisiones sobre su educación y su bienestar que no prometen nada bueno para el futuro. Es más probable que experimenten con drogas y aparezcan con más frecuencia en las estadísticas sobre embarazos de adolescentes.

Calidad del entorno vital

En todas las sociedades hay estratos que disfrutan de ventajas y otros que se encuentran en una situación desventajosa, y cada uno de ellos tiene diferente acceso a los recursos. Naturalmente, esto afecta al bienestar de todos los miembros de la familia. El estrés aumenta cuando los padres no pueden proporcionar ni siquiera un nivel básico de comodidad y una dieta apropiada para ellos mismos y para sus hijos. Las madres desnutridas o las que toman drogas para olvidar las penas del día no están proporcionando el mejor entorno primario –es decir, el útero– y, como consecuencia, sus bebés son más pequeños y es más probable que caigan enfermos, y que causen más preocupaciones y estrés. Las familias tienden a tener más hijos, en los hogares conviven más personas y los niños sufren todas las restricciones de la pobreza. Carecen de oportunidades y de los juguetes apropiados para su edad que tienen los niños privilegiados. Y si los padres no tuvieron oportunidades educativas, ¿cómo van a ocupar a sus hijos en actividades estimulantes desde el punto de vista intelectual? Tal vez no sea sorprendente que los padres relativamente marginados controlen a sus hijos estrictamente y se inclinen a usar el estilo parental autoritario.

El efecto del divorcio

Cualquier cambio en la estructura familiar estará acompañado de trastornos y estrés. Hay muchos cambios, como la pérdida de uno de los progenitores en el sistema familiar cotidiano, los conflictos continuos, un cambio económico repentino y el sentimiento habitual de estar siendo traicionado. Casi inevitablemente, se produce una alteración en la rutina de los niños y mucha angustia de separación, especialmente si las explicaciones han sido escasas. Por desgracia, y sin tener razones para ello, muchos niños se culpan a sí mismos abierta o encubiertamente. Durante varios años después de un divorcio, muchos niños pueden sentirse deprimidos e irritados, y esto afecta a su rendimiento escolar y a sus amistades. Su autoestima sufre y, si el divorcio no ha sido amistoso y se ha llevado extraordinariamente bien, pueden perder la confianza necesaria para entablar y mantener amistades en los primeros años de colegio (Palmer 2006). Los problemas de la custodia pueden ser enconados y duraderos. Además, si uno de los progenitores se siente marginado o engañado, los niños pueden terminar pasando de uno a otro como paquetes, con lo que se destroza cualquier continuidad y seguridad en su educación.

En los primeros años de vida, los niños sienten la tensión sin comprender lo que pasa; en los años de colegio, el hecho de que tantos menores hayan sufrido rupturas en casa no ayuda nada. ¿Hablan los niños sobre estas cosas o se lo impiden las diferentes variables que coaccionan a la pareja? ¿Es útil el apoyo de los iguales? Esta situación ¿podría incluso ser una fuente para desarrollar amistades? Las actitudes hacia el divorcio han cambiado a medida que este se ha hecho más común. Antes, el matrimonio era visto como un sacramento y un compromiso para toda la vida, pero hoy el divorcio en Estados Unidos es muy frecuente, y los matrimonios se rompen cuando aparecen otras prioridades. Y la realidad del Reino Unido no está muy lejos de la estadounidense. Hetherington (1999) ha estudiado los cambios en la conducta de los progenitores que se quedan en casa: cambian de humor con facilidad y tienen problemas en el trabajo, posiblemente porque se sienten desorientados, o porque las cuestiones laborales parecen menos importantes que los otros traumas que están viviendo. El apremio del tiempo hace que su patrón parental cambie, de modo que supervisan peor la conducta de sus hijos. El progenitor que se ha ido o el que se ha quedado, o ambos, miman al niño como compensación por la angustia, y, naturalmente, el niño puede reaccionar con gratitud, cinismo o rechazando rotundamente los favores que le ofrecen.

La bibliografía sobre las familias de personas que se han vuelto a casar parece indicar que cuanto más próximos les parece a los niños que están los padres entre sí, tantos más problemas manifiestan aquellos. En las familias donde los cónyuges no se han divorciado sucede lo contrario: la cercanía entre los padres está relacionada con el bienestar de los hijos. El tiempo transcurrido entre la ruptura del primer matrimonio y las segundas nupcias es un factor que se debe tener en cuenta. Si uno de los progenitores y su hijo han estado solos durante algún tiempo, entonces el hijo puede sentirse desplazado por la nueva pareja, que asume papeles desempeñados por el hijo después de la separación. Es muy probable que surja un conflicto si los niños tienen la impresión de que el progenitor que se ha quedado en casa presta demasiada atención a la nueva pareja; si, por ejemplo, parece que nuevas medidas disciplinarias limitan las formas anteriores de otorgar elogios y sanciones.

En muchas partes del mundo, lo normal no son las familias nucleares, sino las familias extendidas: varias generaciones que viven juntas en la misma casa. Los estudios realizados con niños criados de este modo sostienen que si hay una crisis, ellos son menos dependientes, tienen menos problemas de sueño y mejores niveles de cuidado de sí mismos. La persona que mejor puede aportar estos beneficios es la abuela del niño. Ella puede actuar como «parachoques» y su experiencia mantiene las cosas en su justa medida. Ahora que está creciendo en nuestro país el número de abuelas que asumen un gran papel en la educación de sus nietos, tal vez estos beneficios se den aquí también.

Entablar y mantener amistades

Habida cuenta de que los niños proceden de distintos ambientes donde se han experimentado diferentes estilos parentales, y donde su propia mezcla especial de competencias y dificultades hace que cada niño sea único, ¿cómo empiezan a hacer amigos? ¿Y en qué medida es importante que los niños tengan amigos? ¿Por qué unos niños hacen amigos fácilmente mientras que otros están aislados?

La mayoría de los menores se sienten protegidos del acoso escolar si tienen un amigo, pero a los adultos puede resultarles difícil persuadir a un niño de que entable amistad con alguien a quien él no ha elegido. Pocas veces tienen éxito las peticiones dirigidas por los adultos a los menores para que «dejen jugar a otro niño». Entonces, ¿cómo se forman las amistades y qué hace que algunas se mantengan pese a las dificultades, rupturas y alteraciones familiares?

¿Cuándo entablan amistades los niños?

Los niños empiezan a mostrar interés en otros niños ya a los seis meses de edad. Solo tienen control muscular para sonreír si están muy próximos entre sí y es entonces cuando «investigan», quizá tirándose del pelo o agitando los brazos para golpearse. Hacia los catorce meses de edad, los niños juegan juntos, quizá cooperando momentáneamente, pero la mayoría de las veces cada uno con sus juguetes. Ya en 1932, Parten lo describió como «juego paralelo», un término que se ha usado desde entonces. Con 18 meses de edad, los niños se implican más, se persiguen o imitan acciones con juguetes. Su mayor conciencia social y desarrollo cognitivo hace que esto sea posible. Y hacia los tres o cuatro años de edad prefieren jugar con sus iguales antes que solos o con un adulto. Incluso empiezan a compartir relatos imaginativos y juegos de fantasía. Y entonces tienen oportunidades para la conducta tanto agresiva como prosocial y altruista.

Agresión instrumental, verbal y hostil

La mayoría de los niños muestran una conducta agresiva en algún momento. En los primeros años, lo hacen normalmente para conseguir algún objeto deseado; es decir, se trata de agresión instrumental, no de la agresión hostil que alberga el deseo de herir a otra persona. Pero, naturalmente, también hay agresiones hostiles, especialmente antes de que los niños tengan el lenguaje necesario para explicar o hacer peticiones. La impulsividad puede desempeñar un papel aquí. Los niños pequeños tienden a actuar antes de pensar en las consecuencias de sus acciones. Generalmente su disgusto es efímero y lo olvidan pronto, dura un momento y no nubla el futuro. A medida que mejoran sus destrezas verbales, la mayoría de los niños reemplazan la agresión hostil por la agresión verbal, como los insultos o burlas, o son normalmente positivos y amables.

El acoso escolar en la infancia christine macintyre

La disminución de la agresión física refleja la disminución del egocentrismo del niño y el aumento del sociocentrismo, es decir, la conciencia de lo que es ser destinatario de la hostilidad y el daño, junto con la conciencia creciente de que tales conductas son erróneas. Si no se desarrolla espontáneamente, los padres y los médicos tienen que explicarlo.

Otro desarrollo importante en la conciencia social y la disminución de la agresión física es la aparición de jerarquías de dominio. Ya cuando tienen tres o cuatro años, los niños se organizan en jerarquías y se dividen directamente en líderes y seguidores. Saben quién ganará las peleas y quién las perderá. Los niños que no quieren aceptar su papel y que saben que no ganarán son los que encontrarán formas más astutas e insidiosas, como «chivarse» o lloriquear diciendo: «No es justo», para conseguir sus planes. La agresión no conduce siempre a la frustración, pero hace que esta sea más probable.

Conductas prosociales

Las conductas prosociales son conductas voluntarias e intencionadas que están destinadas a ayudar a otros. Estas actitudes humanitarias se pueden ver ya en niños de dos o tres años, especialmente si tienen en casa modelos cordiales y generosos dignos de ser imitados. Cuando esto implica alguna forma de negación de sí mismos, como cuando un niño ofrece a otro el único juguete que le gusta, recibe el nombre de «altruismo». Estas conductas cambian con la edad. Los niños empiezan a entender que otros niños tienen más –o menos– que ellos, y también empiezan a reconocer las emociones de otros, especialmente cuando están necesitados.

En la medida en que se desarrolla esta conciencia, aumenta con la edad la conducta altruista, como se ve cuando niños que cursan la enseñanza primaria están dispuestos a dar más a otros niños menos afortunados. Eisenberg (2002) descubrió que los niños como estos estaban más dispuestos a regular sus propias emociones y eran menos propensos a arrebatos o berrinches. También ofreció orientación acerca de cómo cultivar tales competencias:

1. Aprovechad la capacidad de empatía del niño. Por ejemplo, inmediatamente después de que tu hijo haya pegado a otro, explícale cómo se siente ese niño. Eisenberg descubrió que esta estrategia es más efectiva si no se combina con el castigo físico.

2. Cread un clima familiar cariñoso y cálido. Elogiad de corazón los pequeños actos de vuestros hijos. Podríais decir, por ejemplo: «Cuando me ayudaste a llevar esto, me encantó, porque me di cuenta de que eres un niño amable».

3. Proporcionad normas o pautas claras sobre la conducta de ayuda: «Tenemos que compartir siempre con las personas que no son tan afortunadas como nosotros», o también: «Busca a alguien que no tenga a nadie con quien jugar e invítale a jugar contigo».

4. Pregunta a cada niño: «¿Cuántas veces has prestado ayuda hoy?». Y dedica un tiempo a escuchar. Esta estrategia vale para niños de siete u ocho años y es importante, porque este es el momento en que los niños están empezando a desarrollar una autoestima global.

5. Da a los niños responsabilidad para tareas apropiadas y elogia su acción cada vez que las hayan completado.

6. Por encima de todo, ofrece como modelo conductas altruistas, porque es más probable que los niños hagan lo que tú haces que lo que tú dices.

La conciencia social y el altruismo ayudan a los niños a dominar sus propios intereses para mantener empresas conjuntas. Esto se encuentra en la raíz del compartir y seguir el ejemplo de alguien, que forma parte de la cooperación necesaria para mantener amistades.

¿Qué influye en los patrones de amistad de los niños que cursan enseñanza primaria?

Los niños de cinco o seis años de edad, que aprecian las diferencias de género y reconocen que estas son permanentes, asignan determinados tipos de conducta a niños y niñas. Durante un tiempo, estas normas son inmutables, pero después la flexibilidad se va introduciendo porque, como muestra la experiencia, por ejemplo, los varones pueden ser enfermeros y las mujeres

El acoso escolar en la infancia christine macintyre

pueden ser conductoras de autobús. Con todo, en esta etapa los niños tienen prejuicios contra los que no son como ellos –tal vez niños de otra raza, los que hablan otra lengua, los que son obesos–. Parece que hay separación entre «los que son como nosotros» y «los que son diferentes». Por la misma razón, los niños de grupos minoritarios tienden a juntarse. Los grupos tratan de dar sentido a lo que es –o no es– socialmente aceptable en el entorno. La política de inclusión tenía como objetivo reducir estos prejuicios, y ciertamente muchas escuelas informan de que todos los niños se mezclan bien. En 2008 es posible que algunos padres señalen más diferencias negativas que sus hijos.

Los niños en edad escolar pasan más tiempo independientemente con sus amigos, y aumentan el número de amistades mutuas. En esta etapa, las amistades duran más; en la enseñanza primaria, el «mejor amigo» puede durar un año y algunas amistades se mantienen mucho más, incluso hasta la edad adulta. Los niños en edad escolar son más abiertos y apoyan más a sus amigos, pero también pueden ser más críticos, y tienen más conflictos (Hartup 1996a). No obstante, cuando surgen los conflictos, se impacientan por resolverlos más que cuando se enfadan con quienes no son sus amigos. Parece que las amistades de los niños son más competitivas –y los dos miembros del dúo luchan por conseguir el dominio–, mientras que las niñas pasan más tiempo cerca de casa dedicadas a actividades más tranquilas.

Tal vez esto explique por qué los niños parecen más agresivos en las diferentes culturas, o tal vez la agresividad física se aliente en el hogar. Las niñas expresan su agresividad de otras formas: evitan la agresión física, pero usan la relacional; es decir, tratan de hacer daño a la autoestima de su víctima.

Los niños que persisten en el uso de la agresividad física o relacional son los llamados «acosadores». No sienten empatía hacia el dolor o la infelicidad de su víctima. Los estudios de Olweus (1995) no sostienen la afirmación según la cual los acosadores son fundamentalmente niños inseguros que han desarrollado una apariencia dura para ocultar sus inseguridades. Y propone cuatro factores de la crianza de los niños que podrían contribuir al desarrollo de una conducta de acoso escolar:

1. Indiferencia y falta de cordialidad de los padres hacia el hijo en los primeros años de vida.
2. Los padres no han establecido límites claros sobre la conducta agresiva.
3. Los padres usan el castigo físico.
4. Un temperamento difícil e impulsivo en el niño.

En otras palabras, combinan los rasgos de los estilos parentales autoritario y negligente descritos anteriormente.

¿Se mantienen estas conductas después de la enseñanza primaria?

Lamentablemente, la conducta agresiva tiene consecuencias a largo plazo en los niños, posiblemente porque los problemas que ellos han causado en la escuela han hecho que estuvieran aislados, o tal vez esas conductas primeras les han asignado un papel del que son incapaces de desprenderse. Estudios longitudinales de niños que eran agresivos con ocho años de edad han mostrado que son agresivos cuando tienen treinta, y muchos vuelven a adoptar más adelante la conducta agresiva. Tanto los niños como las niñas mostraron un rendimiento académico más bajo. Su falta de progreso social inhibió su mejora en el ámbito cognitivo. Estudios suecos han mostrado también que niveles altos de agresividad a los cuatro o cinco años de edad estaban muy relacionados con la delincuencia al llegar a la mayoría de edad.

Tales estudios demuestran la importancia de las amistades en la infancia y la necesidad de apoyar a los niños que tienen dificultades para hacer amigos. Las explicaciones de las consecuencias de la conducta agresiva tienen que ser entendidas por los agresores cuando están a tiempo de cambiar, y hay que animar a los demás niños para que les permitan intentarlo, y aceptar y elogiar sus esfuerzos. Es difícil, pero, dadas las consecuencias que tiene el hecho de no intentarlo, es el único camino.

5

Comprender y fomentar la autoestima: reformar a los acosadores y a las víctimas

El acosador sádico

Soy un acosador que no es querido por nadie.
Soy horrible, agresivo y malo.
Cuando otros ven lo que hago,
me siento muy feliz.

Nadie más se porta como yo.
Así sé que soy fuerte.
Pego, doy empujones, quito las meriendas
y me paso el día burlándome.

Me dicen que un día lo lamentaré,
pero no veo por qué.
¿Para qué quiero amigos o compañeros como estos?
¡A que no lo adivinas! ¡Prefiero morirme!

Liam, de 10 años de edad

Hay muchas cuestiones importantes en las que se percibe la relación entre la autoestima y el acoso escolar: por ejemplo, ¿se ve afectada la autoestima de un niño por el acoso? ¿Qué es la autoestima y cómo se puede mejorar? ¿Cuáles son las influencias clave en la autoestima de los niños? ¿Puede ser demasiado alta (véase el poema escrito por Liam, un niño de 10 años de edad, como parte de una actividad dramática)?

El acoso escolar en la infancia christine macintyre

Los niños con autoestima positiva creen que pueden tener éxito en lo que desean hacer y tienen confianza para seguir sus sueños. Pueden centrarse en una actividad precisa o preferir un espectro más amplio de actividades y experiencias, pero tendrán la confianza en sí mismos que subyace en el éxito. Esto les da una ventaja psicológica o actitudinal mientras esperan con impaciencia hacer frente a nuevos desafíos en vez de temerlos o evitarlos, y ven los obstáculos como cosas que pueden ser superadas, no como barreras que van a derrotarlos. Ello les ayuda a ser resilientes y a recuperarse cuando llegan tiempos difíciles. La autoestima positiva puede también sostener a los niños que tienen peores resultados académicos. Les ayuda a mantener a raya las dificultades y evita que se vean agobiados por valoraciones negativas. «Sé que puedo conseguirlo aunque necesite más tiempo… y tengo otras habilidades» es una filosofía de apoyo estupenda. Se basa en una autoestima alta.

Se puede ver, entonces, que los niños que tienen una autoestima alta desarrollan sus capacidades con más facilidad. Y puesto que los diferentes aspectos del desarrollo (social, intelectual, motor y emocional) se interrelacionan, la autoestima positiva impregna todas las habilidades. Ella fomenta la comunicación, la motivación y la perseverancia en los diferentes ámbitos y, por tanto, desempeña un papel significativo y duradero tanto en la vida como en el aprendizaje. Minimiza el miedo al rechazo y ayuda a prevenir la autoculpabilización, que quizá sea lo más perjudicial de todo.

En mi opinión, la parte más significativa del acoso sufrido es el efecto negativo que tiene en la autoestima de los niños. A menudo, quienes son golpeados –las víctimas– creen que tienen la culpa, y si este hostigamiento continúa, pueden asimilar el papel que les atribuyen los acosadores y empezar a creer que no valen para nada. El paso siguiente podría ser el de preocuparse por el efecto que esto tiene en sus familias. Como explica Darren, un niño de nueve años:

«Cuando admití que estaba siendo acosado, mi madre se sintió muy disgustada. Pude ver que estaba a punto de llorar. Yo sabía que le había defraudado, que ella tenía bastantes problemas y no necesitaba que yo le diera más. Yo debería ser capaz de defenderme por mí mismo, pero estoy desesperado».

El peor de los escenarios puede ser que los niños se droguen para olvidar el dolor, e incluso que lleguen a suicidarse cuando la depresión toma las riendas y parece que no hay esperanza de futuro. Lamentablemente, las palabras de consuelo de los padres pueden ser menos efectivas que los comentarios negativos del grupo de iguales en esta edad, porque la posición relativa de los «otros significativos» –es decir, los que ejercen influencia en las creencias del niño– cambia al pasar de la familia al grupo de iguales en la infancia. Esta es la razón por la que las amistades son tan importantes.

Pero ¿por qué algunos niños son extrovertidos, seguros de sí mismos y expresivos, mientras que otros son retraídos o agresivos y están eclipsados por la desconfianza en sí mismos? ¿Hay alguna razón fisiológica y/o psicológica que lo explique? Johnson (1991) sugiere que las personalidades de los niños deben ser vistas como un balancín o como una separación entre la oscuridad y la luz. Esto se basa en la tesis de Jung (1955) según la cual cada uno de nosotros tiene una «sombra viva» que contiene los cuatro componentes negativos de la personalidad, o las cosas que la persona no quiere ser: por ejemplo, falsa, agresiva u orgullosa. Si en el balancín pesan más las experiencias y las reacciones de otros, entonces los acontecimientos positivos deberían permitir que la luz emergiera y sojuzgara el lado oscuro. Esta es la razón por la que los profesionales de la educación elogian de buen grado y en los informes dirigidos a los padres emplean solamente comentarios negativos. Lamentablemente, la realidad es más compleja que la retórica; de lo contrario, a los padres y profesores les resultaría fácil impedir que emergiera el lado oscuro de las personalidades de los niños. Serían capaces de evitar que se manifestara y dominara el «pensamiento deficitario» (McCarthy 2005) que emana del lado oscuro de la personalidad. Cabe preguntarse si cuando la sombra negativa es más activa, entonces el resultado es la conducta de acoso, especialmente la conducta sádica. Esta podría parecer una hipótesis viable. Sin embargo, Valencia (1997) advierte de que estos «déficits y necesidades atribuidos se deducen siempre por imputación, es decir, por observación, no por una investigación científica empírica». Incluso las teorías interesantes y aparentemente plausibles deben ser consideradas con prudencia. Así, ¿se podría explicar el acoso escolar estudiando la constitución fisiológica de los niños?

El acoso escolar en la infancia   christine macintyre

Carter (2000) ofrece tanto una explicación como una estrategia a través del análisis de la felicidad. Esto es importante en el estudio de los niños que son víctimas o acosadores, o ambas cosas, porque es probable que ninguno de esos niños sea feliz. Ella define la felicidad como la vivencia positiva que resulta de la interacción entre el placer físico, el sentido y la ausencia de emociones negativas, y explica que este estado es causado por «un torrente de dopamina en el sistema de recompensas del cerebro». No obstante, la sensación de felicidad dura solo mientras el neurotransmisor dopamina sigue fluyendo. En cuanto entran en juego las emociones negativas generadas por la amígdala, como el miedo, la ira o la tristeza, la felicidad se reduce. Y la manera de mantener la amígdala en niveles discretos y de impedir que inhiba la felicidad es mantener la actividad del cuerpo, preferiblemente en tareas no emocionales. Esta es la razón por la que el trabajo duro puede disipar la tristeza.

No obstante, para asegurar una sensación de bienestar omnipresente se requiere otra fuente de actividad cerebral. Para que el mundo sea visto como un lugar acogedor y significativo, la corteza ventromedial crea un sentimiento de cohesión; «Sin él, el mundo parece carente de sentido y fragmentario» (Carter 2000). Si esta región no funciona bien, el resultado es la depresión. Así pues, puede haber razones neurobiológicas complejas por las que los niños que son acosadores o víctimas no atienden a razones ni cambian su conducta para responder a las peticiones de los padres o los profesionales.

Pero a pesar de estas diferentes propensiones intrínsecas, de algún modo los padres y los profesores tienen que ayudar a todos los niños a desarrollar una autoestima positiva. Así, la cuestión clave es: «¿Cómo podemos hacer que los que se ven como gorriones crean que son pavos reales?».

El primer paso es comprender cómo se forma la autoestima y las interacciones que más probablemente la fomentan. Reconocer las complejidades puede ayudar a explicar por qué el mero hecho de decir a los niños que son buenos, inteligentes, bellos o guapos, cuando ellos saben perfectamente que no lo son –o al menos no se reconocen como tales– no siempre surte efecto. El desarrollo de la confianza necesita un apoyo continuo y positivo por parte de alguien a quien el niño considera como una persona significativa –su figura ideal, por decirlo así–. Debido a los caprichos del crecimiento, es posible que esta persona no sea una de las que más le quieren.

Comprender el auto-concepto y la autoestima

La autoestima es una parte del auto-concepto, es decir, la imagen que los niños se forman de sí mismos a medida que crecen. Este auto-concepto es una imagen global y en los primeros años tiende a interesarse por las características físicas, como «soy grande (o pequeño)», o «tengo el cabello rubio y los ojos azules». Pero poco a poco esta imagen se amplía para incluir habilidades, destrezas y características espigadas de experiencias de encuentros con otros o después de oír comentarios sobre las capacidades. Entre ellas se encuentran descripciones como «soy inteligente» o «tengo habilidad para los deportes» –independientemente de cuáles sean las características personales propias que los niños perciben–. Esta imagen se amplía a medida que los niños crecen, pero no es autocrítica. La auto-valoración (es decir, «se me dan mejor los deportes que la aritmética», «soy más amable que mi amigo», o «no puedo hacer bien las cosas que quiero hacer; soy un fracaso») es un juicio o valoración que afecta a la autoestima. Este componente se desarrolla progresivamente a través de la infancia y la adolescencia, y depende de la percepción de los niños, es decir, de cómo ven su estatus junto con las experiencias que han tenido y el valor que les atribuyen.

Así, el hecho de estar dotado por naturaleza para el fútbol podría dar a un niño que está interesado en los deportes un gran estímulo y dejar a su amigo, más estudioso pero igualmente hábil, sin motivación para practicar y mejorar su don. Al primero le afectan poco los comentarios de los adultos sobre sus habilidades deportivas. Contribuyen solo de un modo marginal a su autoestima. Otro dato importante es si el niño tiene un «héroe» y trata de emular las cualidades de esa persona. La percepción que el niño tiene de su posibilidad de alcanzar las metas establecidas por este «yo ideal» influye también en la formación de la autoestima. Si el niño considera que son alcanzables –aunque el adulto piense que no son realistas–, entonces se siente animado, pero si piensa que la distancia entre el concepto que tiene de sí mismo y las cualidades de su héroe es insalvable, entonces, particularmente en los niños sensibles, la motivación se ve afectada y, en algunos de ellos, la desesperación y la depresión se imponen.

Es interesante observar que los niños no nacen con una autoestima alta o baja. Esta se configura a medida que crecen y se forma por las reacciones de las personas significativas en la comunidad del niño, por lo general los padres, después los profesores, más tarde los amigos, y de nuevo los padres. La autoestima no se alcanza de una vez para siempre. Particularmente en los primeros años de vida, fluctúa en función de los diferentes ambientes y experiencias que proporcionan *feedback* positivo o negativo. Es sumamente vulnerable a los sentimientos negativos en momentos de enfermedad, cambio o estrés; y las señales de que estas valoraciones han tenido un impacto han de ser reconocidas y mejoradas antes de que se establezcan rígidamente. Algunas de estas señales pueden darse cuando:

- Se produce una regresión a un periodo anterior, más reconfortante; los niños se chupan el pulgar o usan una manta para consolarse después de que esa etapa ha pasado.
- Los niños quieren estar solos.
- Se muestran reacios a hablar sobre el colegio.
- Fingen que están enfermos.
- Son displicentes y/o agresivos.
- Mojan la cama, están en las nubes o no quieren dormir solos.

Cuando la autoestima de un niño ha recibido un golpe, se podría decir que «ese niño ha perdido la confianza en su capacidad de hacer» o «ha tenido un cambio de actitud hacia el aprendizaje», por ejemplo, porque está menos motivado para prestar atención o terminar una tarea. Esto puede suceder en cualquiera de los puntos del espectro de habilidad. Hay muchos factores que podrían explicar este fenómeno, pero el hecho de sufrir acoso es muy común. Esto pone de relieve por qué esos cambios deben ser investigados en vez de ser interpretados según las apariencias –porque un niño que tiene una autoestima positiva puede ver cómo esta es eliminada rápidamente por tácticas de acoso escolar, especialmente si persisten y si parece que el acosador sale impune después de burlarse y portarse agresivamente–. Es aún peor si a la víctima le parece que el acosador es un miembro popular del grupo de iguales, porque entonces las víctimas están seguras de que tienen la culpa. Esto puede provocar complejos y sentimientos duraderos de anomia («Yo no encajo aquí») o desesperación («Es inútil contárselo a alguien porque eso solamente empeorará las cosas»). De alguna manera, los adultos tienen que convencer a los niños de que las amenazas asociadas con el «chivarse» no se harán realidad y dar pasos para que sea así verdaderamente.

Ayudar a los niños a tener una autoestima positiva no es fácil, ya que ellos son productos únicos e irrepetibles de una compleja interacción de efectos genéticos –lo que han heredado– y su entorno –dónde han sido criados–. Heredarán su constitución física, y su autoestima será modificada por el grado de satisfacción con ello y cómo influye en lo que hacen. También heredan varios rasgos temperamentales y estos determinarán si son resilientes por naturaleza o más vulnerables a las experiencias que tienen, e incluso al efecto de las heridas producidas por el acoso.

Rasgos temperamentales

Los niños nacen con rasgos temperamentales –o «activadores emocionales», que es el nombre que reciben en un modelo biológico– y los llevan en los genes. Esto explica por qué los rasgos de personalidad pueden ser resistentes al cambio. Es interesante observar que gemelos idénticos, incluso los que han sido criados por separado, tienen semejanzas notables en sus temperamentos (Bee 1999). Esto confirma la influencia genética sobre la conducta, aunque ningún investigador negaría que el entorno desempeña también un papel muy importante en la configuración del temperamento. Este tipo de cambio no es innato, sino adquirido. Permite a los niños adaptarse a las circunstancias en que se encuentran y sus percepciones de la

El acoso escolar en la infancia christine macintyre

clase de conducta que desean –o se les aconseja– adoptar. Estos rasgos –y todavía no hay acuerdo sobre cuáles forman el grupo definitivo– pueden ser situados en un *continuum* y pueden explicar por qué niños criados en el mismo entorno pueden reaccionar de formas tan diferentes frente a acontecimientos que podrían parecer idénticos. Algunos constructos temperamentales serían:

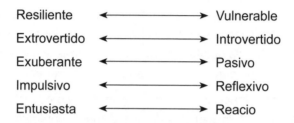

Resiliente	⟷	Vulnerable
Extrovertido	⟷	Introvertido
Exuberante	⟷	Pasivo
Impulsivo	⟷	Reflexivo
Entusiasta	⟷	Reacio

Y hay otros muchos constructos polares. Tal vez los profesores puedan reflexionar sobre los niños a quienes conocen bien, y formular sus propias polaridades.

Para evitar listas demasiado largas, los investigadores han intentado agruparlas en bloques. Buss y Plomin (1986) sugieren solo tres dimensiones, a saber: *afectividad*, *actividad* y *sociabilidad*, y estas han sido ampliamente usadas para valorar el temperamento en niños pequeños. Asimismo, Thomas y Chess han reducido su primer (1977) grupo de nueve dimensiones a tres, a saber: el *niño fácil*, el *niño difícil* y el *niño con nivel de actividad bajo*. Espero que los profesionales se identifiquen con estas descripciones y puedan ser capaces de distribuir a los niños en estas categorías. La cuestión acerca de si estas características se mantienen idénticas en diferentes situaciones sociales es fascinante.

Pienso que la primera dimensión de mi lista es particularmente interesante: resiliencia – vulnerabilidad. Bee (2004) explica que en la misma situación –incluso cuando es sumamente desventajosa–, el niño resiliente ve los aspectos positivos y reacciona sonriendo. Podría ser porque tiene «factores de protección» como un alto coeficiente intelectual o vínculos afectivos seguros que le protegen frente a los factores de estrés que derrotan a los vulnerables. Por otro lado, los vulnerables se centrarán en las desventajas y pensarán obsesivamente en las heridas y los inconvenientes que les rodean. En algunos casos extremos esto puede llevar a la enfermedad y la depresión. Pero incluso en acontecimientos ordinarios en casa o en el colegio, los niños resilientes serán capaces de hacer caso omiso de sucesos que producen angustia a los vulnerables. El entorno (familias, profesionales y miembros de la comunidad) debe tomar conciencia de ellos y dar pasos para apoyar particularmente a los vulnerables y mostrarles coherente y constantemente que cuando algo está medio vacío, también está medio lleno.

Influencias ambientales

Su autoestima se ve afectada ambientalmente por factores culturales como el contexto familiar, por ejemplo, dónde viven y con quién conviven, las creencias y las prácticas que aprenden en ese medio y si se corresponden con las adoptadas en el colegio o difieren de ellas. Todos estos factores influyen en el bagaje personal del niño, es decir, lo que él ve como importante y cómo afecta a su motivación y propósito en la aceptación o el rechazo de las experiencias de aprendizaje que se ofrecen en el colegio. A partir de todas estas fuentes, los niños forman un modelo interior, es decir, una imagen de lo que son y de lo que les gustaría ser (es decir, su autoimagen). La autoestima de los niños es la distancia entre su autoimagen y su yo ideal, o sea, las cualidades que atribuyen a sus «héroes». Si los profesionales quieren cultivar la autoestima de los niños, tienen que comprender todo esto. Es decir, necesitan conocer a los niños en un nivel profundo; necesitan saber qué ha contribuido al autoconocimiento de los niños y qué ha causado que oscile –en lenguaje corriente: ¡lo que determina la forma de ser de cada uno!

Estas son las razones por las que el cultivo de la autoestima de los niños es tan vital para su bienestar. La autoestima positiva da a los niños confianza en sus habilidades y les ayuda:

- a reconocer, aceptar y valorar las competencias que tienen;
- a hacerse una imagen de lo que pueden conseguir con su esfuerzo (recordemos que los niños motivados pueden sorprender a los adultos por las cosas de las que son capaces);
- a reconocer y respetar las competencias o diferencias de aprendizaje que otros muestran;
- a entablar amistad con otros niños y ayudar a los que tienen menos capacidades;
- a afrontar positivamente nuevos desafíos;
- a compartir y cooperar;
- a ser resilientes cuando las cosas van mal.

Estas competencias son fundamentales y adquieren cada vez más importancia a medida que los niños maduran y se hacen más independientes. Por otro lado, es probable que una autoestima baja haga que los niños:

- tengan miedo de intentar emprender algo nuevo;
- se sientan resentidos porque otros van por delante;
- se sientan frustrados y posiblemente agresivos;
- mantengan formas de interactuar inapropiadas;
- desatiendan totalmente el aprendizaje;
- sean rechazados y se unan a otros niños rechazados;
- sean acosados o se conviertan ellos mismos en acosadores.

Este escenario, que puede intensificarse con el tiempo, tiene que ser evitado por el bien de los niños y de todo lo que crece y se desarrolla con ellos.

Imagen corporal

Otro componente importante del autoconcepto (la imagen) que también afecta a la autoestima (la valoración) es la imagen corporal, y, tristemente, incluso los niños muy pequeños pueden comparar su imagen corporal con su ideal y descubrir que les falta algo y dan pasos inapropiados, como una dieta inadecuada, para cambiar. Las imágenes glamurosas presentadas en los medios de comunicación suscitan sentimientos de inadecuación y, mientras que los niños con elevada autoestima pueden reconocer la artificialidad de lo que ven –o saben que son demasiado jóvenes para tener ese aspecto o no hacen caso de los efectos que tiene el hecho de saber que no cumplen este ideal–, los niños con baja autoestima tienen la confianza en sí mismos «herida» y negativamente reforzada cuando los esfuerzos por cambiar no son correspondidos con el éxito (instantáneo). Es posible que las percepciones de los niños no sean verdaderas, pero los ruegos de los adultos pueden caer en saco roto. Los menores anoréxicos que, pese a las pruebas visibles de lo contrario, se ven gruesos, son ejemplos extremos de ello.

¿Significa esto que los niños tienen que ser inteligentes o delgados y guapos o de constitución fuerte y musculosa para poder tener una autoestima positiva? Por supuesto que no. Pero también en este caso la respuesta es más compleja que lo que podría parecer a primera vista. Los niños tienen diferentes estándares y diferentes prioridades en lo que consideran importante. Con mucha frecuencia, los profesionales pueden verse sorprendidos por el «éxito» de los niños que tienen únicamente habilidades intelectuales modestas. Dowling (2004) señala que «pueden ser bendecidos con "resistencia emocional" que les permite tener una percepción más completa de la vida de los demás y un nivel de empatía altamente desarrollado». Así, su fortaleza está en el cultivo de la relación con otros. Tienen carisma o cualidades de liderazgo que son reconocidas pero difíciles de describir. Robert Gagné es un pedagogo muy importante que ha situado el «liderazgo» en su lista de indicadores de talento. Es de esperar que esto permita que este rasgo se convierta en una parte vital y documentada de la valoración escolar. Ello podría mostrar a los acosadores qué cualidades deberían ser valoradas y urgirles a cambiar su conducta.

Esta cuestión podría quedar nublada por los deseos de los niños de ser «iguales». Estos pueden incluso anular el orgullo en las competencias que desean tener. Así, mientras que algunos niños muy inteligentes dan pasos como, por ejemplo, hacer mal aquellas operaciones matemáticas que podrían resolver perfectamente –con el fin de parecer iguales que sus coetáneos–, los que tienen dificultades, y se sienten incapaces de cambiar, a menudo se desesperan porque piensan que la distancia entre ellos y «el estado deseado» es insalvable. Para tratar de mejorar su imagen a los ojos del grupo de iguales podrían recurrir a ser los payasos de la clase y dejarse animar en esa conducta por otros que, al final del día, siguen rechazándoles como amigos. Pero también podrían volverse agresivos o retraídos.

No obstante, en estos grupos hay muchas personas, como los niños dotados o aquellos que tienen necesidades especiales que, a pesar de las burlas, tienen la confianza necesaria para ser ellos mismos y defender las cosas en las que creen. Se niegan a cambiar. ¿Por qué pueden resistir la presión? Tal vez el temperamento de los niños sea aquí un factor importante.

¿De qué manera el apoyo que los niños reciben en casa les da la confianza para ser ellos mismos? Una situación insostenible se da cuando los padres tratan de sobornar a sus hijos para que rindan más, o cuando les acosan para que «se defiendan por sí mismos», porque entonces se confirman las ideas de inadecuación que los niños tienen de sí mismos. Es posible que algunos padres, al tratar de ofrecer consuelo a su hijo, puedan explicarle: «No tienes que hacerlo bien. Nosotros no lo hicimos». Lamentablemente, al niño pueden molestarle estas expectativas bajas («¿Esto es todo lo que pensáis que puedo hacer?») o aceptarlas y renunciar a intentarlo.

Entonces ¿qué se puede hacer más allá de la comprensión (porque la comprensión es útil solo cuando provoca la acción)? Es decir, ¿qué pueden hacer los profesionales para apoyar al acosador y a la víctima, y ayudarles a mejorar su autoestima?

Thornton (2007) nos recuerda que el «27 por ciento de los niños afirman que han sido víctimas de una hostilidad mantenida que hizo desgraciada su vida durante semanas y meses» y este recordatorio constituye un estímulo para reunir ideas sobre lo que se puede hacer. Thornton sostiene que el primer movimiento es «reformar no solo a la víctima sino también al acosador» y también, en determinados contextos, «establecer un entorno donde informar a alguien sobre el acoso escolar parezca una cosa normal y segura».

Reformar a la víctima

Byrne (2003) sugiere que hay dos factores clave que deben ser abordados cuando se trata de cambiar el estatus de una víctima. Son (1) la vulnerabilidad y (2) la reacción. Por regla general, las víctimas son niños pasivos que aceptan lo que les hacen y, tristemente, esta pasividad o vulnerabilidad es aquello que asegura que el acoso escolar vuelva a tener lugar. Dominados por el sufrimiento que les aplasta, no encuentran estrategias que puedan mejorar su suerte como, por ejemplo, buscar ayuda de adultos o de otros niños. Es posible que esto se deba al hecho de que tienen miedo de la reacción de estos o racionalizan que serán etiquetados como personas que no pueden arreglárselas por sí solas. Al final, el contacto con adultos significa que las víctimas tienen que admitir que son acosadas, y esto es muy difícil. Pero si se quiere detener el acoso escolar, entonces la víctima tiene que encontrar –o recibir ayuda para encontrar– formas de defenderse por sí sola.

Como el acosador no espera que la víctima reaccione, una primera estrategia consiste en tratar de que la víctima grite simplemente: «¡Basta ya!». Esto no es fácil para un niño vulnerable, pero la investigación ha demostrado que puede ser eficaz. Aun cuando es posible que este elemento sorpresa detenga al acosador solo temporalmente, atrae la atención sobre lo que está sucediendo y da a los profesores y a los demás niños una oportunidad para intervenir. Hace que el acoso escolar sea un asunto público, no oculto, y, dado que muchos acosadores temen que sus hechos sean conocidos por los profesores y los alumnos más responsables –que podrían contar lo que han visto–, esta estrategia podría mostrar que la víctima está preparada para plantarse.

La mayoría de las víctimas están aisladas. Lo que les hace vulnerables es la falta de un amigo o de un grupo de apoyo. Tristemente, que los profesionales pidan a otros niños «que les dejen jugar» es, en el mejor de los casos, una solución provisional. Un planteamiento más prometedor consiste en encontrar lo que le gusta hacer a la víctima y poner en marcha esa actividad, animando a otro niño con intereses similares a que se una a ella. «En las amistades infantiles cuenta más la actividad que la personalidad» (Bee 1999), porque entonces tienen algo que compartir y un tema de conversación. Y una vez que los niños tienen amigos fiables, empiezan a ver su mundo bajo una luz más tranquila y menos aterradora.

Si no brotan las amistades, los adultos tienen que debatir con las víctimas formas de ayudarles a desarrollar sus habilidades sociales. Tal vez están mostrando su infelicidad con el ceño fruncido, y los niños no acosadores se sienten intimidados o vacilan a la hora de acercarse a ellas. Dado que cuentan con la posibilidad de ser acosados, quizás el lenguaje corporal de la víctima les esté indicando: «No te acerques».

El uso de un espejo puede tener efectos espectaculares para ayudar a los niños a reconocer las expresiones faciales y el lenguaje corporal. Esta idea puede transformarse en juegos: por ejemplo, un niño sugiere expresiones emocionales y otro las expresa. También se puede animar a los niños a levantar la vista (de modo que aparezcan más seguros de sí mismos) e incluso a decir en voz alta: «Puedo hacerlo». El uso de mantras en la clase, como, por ejemplo: «Hoy cuidaremos unos de otros y seremos amables» y, con los más pequeños: «Nadie puede decir a otro: "Tú no puedes jugar"», puede mostrar también el tipo de ambiente y conducta que será aprobado.

Desarrollar la asertividad

Byrne (2003) insiste mucho en que las víctimas desarrollen la asertividad. «La reacción frente a la conducta negativa será crucial para determinar si esta se va a repetir. Casi todos son puestos a prueba, pero no todos son acosados». Byrne sabe que los acosadores se crecen en una situación donde su conducta negativa no es cuestionada. Usa el espejo para permitir que las víctimas vean cómo los hombros caídos y los ojos bajos envían mensajes como «Soy vulnerable», y apremia a las víctimas a desarrollar la asertividad. Y también pide a las víctimas lo siguiente: «Elige al acosador que te está haciendo más daño, adopta una actitud firme, levanta la cabeza y los hombros y, por un momento, mira al acosador a la cara y dile: "No me gusta la manera en que te portas"». Si las víctimas piensan que tal vez no serán capaces, se pide al personal docente que cree un escenario de juego de rol en el que se dé a los niños la oportunidad de trabajar el lenguaje corporal. Esta oportunidad de construir una relación alumno-profesor debería también hacer saber a las víctimas que son apoyadas en su intento de cambio.

Otra posibilidad es reunir a un grupo de niños tímidos, porque entonces entra en vigor la solidaridad del grupo. Como mínimo, los niños descubren que no están solos y que, por tanto, el hecho de que sean acosados no es culpa suya. (Es posible que sea necesario explicar esto). En el mejor de los casos, desarrollarán la confianza para compartir sus experiencias y descubrir cómo ser más listos que el acosador. Pero, naturalmente, si el ideario del centro escolar transmite que el individuo o el grupo pueden acercarse al personal docente sabiendo que serán escuchados y apoyados, que se informará de los incidentes de acoso y que no serán tolerados, entonces la confianza en el sistema hace que los niños sean más fuertes.

Reformar al acosador

En la raíz de las acciones y de las intervenciones tiene que estar la creencia en que los niños que acosan no deberían ser vistos como «enemigos», porque las indicaciones no verbales podrían comunicarles que hay demasiados obstáculos para hacer realidad el cambio.

Muchos acosadores carecen de la empatía que necesitarían para comprender el efecto de sus acciones. Deben tomar conciencia de esta carencia y hay que ayudarles para que comprendan los efectos perjudiciales tanto para ellos («Si continúas haciendo infelices a los demás, nadie TE querrá») como para sus víctimas. Necesitan que se les explique una forma alternativa de comportarse si no pueden visualizarla por sí mismos. A menudo minusvaloran el efecto que están teniendo en otros niños y pueden sentirse conmocionados al comprender que los demás les podrían aplicar adjetivos como «agresivo» e incluso «ofensivo». Necesitan que los profesores les expliquen los sentimientos de las víctimas y comprender la angustia de estas. Además, una vez que otros niños no acosados reconocen el sufrimiento que se está causando, es menos probable que se unan al acosador o que hagan caso omiso de las conductas inaceptables.

El personal docente tiene que tratar de comprender por qué un niño se ha convertido en acosador y por qué, a pesar de las actividades en clase y de las conversaciones en privado, ese niño sigue teniendo un comportamiento dañino. ¿Se encuentran los niños acosadores en los grupos académicos inferiores y se están esforzando por mejorar su estatus? Entonces los profesores tienen que encontrar formas de mejorar la autoestima del acosador elogiándole en las áreas donde realmente se lo merece. Tal vez se deberían encontrar áreas curriculares en las que estos niños tengan la oportunidad de ser brillantes. O quizá se le podría dar al acosador la responsabilidad de cuidar de otros niños menores que él en el patio (bajo la mirada del supervisor del patio de recreo, por supuesto), es decir, usar la idea según la cual «no hay nada mejor que un ladrón para atrapar a otro». Esto puede ayudar realmente, en especial si los demás niños ven que el acosador no es recompensado después de haber empleado tácticas de acoso.

Y, naturalmente, los niños tienen que creer que las metas que los profesores han establecido para mejorar la situación son alcanzables, ya se trate de metas sociales (como, por ejemplo: «¿Podéis colaborar tranquila y felizmente durante diez minutos?») o académicas. Tales metas hay que situarlas en el marco de las capacidades de cada niño. Otras estrategias posibles que se deberían probar son los contratos de buena conducta y la retirada de privilegios, pero los acosadores deberían saber que los incidentes inaceptables son registrados como pruebas, que hay un conjunto claro de procedimientos normalizados y que estos serán puestos en práctica.

Las responsabilidades de los alumnos que son testigos del acoso escolar

Los profesores tienen que insistir en el hecho de que si los alumnos son testigos de cualquier clase de acoso, deben proporcionar la información sobre las personas implicadas, y cuándo y dónde tuvo lugar el incidente. Los alumnos han de comprender que no son unos «chivatos», sino que se están comportando con responsabilidad. El mero hecho de saber esto podría hacer que los acosadores reconsideraran sus acciones. Además, este es el primer paso para establecer una cultura de seguridad.

Entrampado por la fama

Los alumnos que han acosado pueden descubrir que se les asigna un papel del que ellos preferirían deshacerse, pero no están seguros de cómo hacerlo. A veces, otros niños les señalarán con el dedo porque en el pasado se comportaron mal. Es posible que algunos incluso les acusen falsamente o les provoquen para que se comporten inaceptablemente y monten un número. Si el profesor sospecha esto, entonces un diálogo tranquilo que muestre respeto –por ejemplo, pidiendo en primer lugar la interpretación que el acosador hace de los acontecimientos– y se desarrolle lejos de los acosadores, puede poner de manifiesto que una escucha imparcial podría resolver las cosas. Recordemos que al acosador le podría resultar tan difícil probar que es inocente como a los espectadores probar que es culpable.

Pero a veces, pese a los mejores esfuerzos de todos, es posible que la conducta no mejore, e incluso que empeore. Entonces hay que aplicar la política del centro sobre el acoso escolar. A los acosadores se les recordarán las etapas de la campaña para tener un cambio positivo en la conducta:

El acoso escolar en la infancia christine macintyre

1. Si has hecho daño a otro niño, se te advertirá de que no vuelvas a hacerlo.
2. Si el acoso escolar continúa, se informará a tus padres.
3. Un nuevo incidente podría provocar tu expulsión.

Algunos centros escolares tienen ahora una semana anti-acoso, y este capítulo concluye con ejemplos del trabajo con niños en el Colegio Pentland de Edimburgo.

¿Eres un acosador?

¿Has acosado a alguien alguna vez? ¿Qué te llevó a ello y cómo te sentiste en aquella ocasión? Si acosas de vez en cuando, ¿qué otra cosa podrías hacer para sentirte bien contigo mismo? A la gente no le gustan los acosadores. A ti te gusta que los demás sean amables contigo, y tú también deberías ser amable con ellos.

El acoso escolar en la infancia christine macintyre

¿Por qué acosa la gente?

Hay un montón de razones por las que la gente acosa:

– Los acosadores piensan que son duros y guays cuando acosan, y también piensan que son los que mandan.

– Algunos acosadores han sido a su vez acosados.

– Una de las razones principales por las que las personas acosan es que son celosas.

– Es posible que algunos acosadores no comprendan lo errónea que es su conducta y cómo hacen que se sienta la persona acosada.

– Algunos acosan para llamar la atención.

¿Por qué es dañino el acoso escolar?

El acoso es perjudicial porque:
– Puede hacer que las personas se sientan enfermas.
– Pierden la confianza y es posible que no quieran ir al colegio.
– El acoso escolar puede hacer que los niños se sientan solos, infelices y atemorizados.
– Hace que la gente se sienta insegura.

¡Puedes vivir libre de acoso escolar!

Karen Jeffrey,
1º ESO

¿Qué es el acoso escolar?

El acoso escolar se da cuando alguien te molesta y te saca de quicio constantemente.

Hay diferentes tipos de acoso: físico, mental y ciberacoso.

El ciberacoso se da cuando alguien te acosa por medio del ordenador, los mensajes SMS o cualquier forma de tecnología.

El acoso físico se da cuando alguien te acosa dándote un puñetazo o una patada.

El acoso mental se da cuando alguien te acosa insultándote o insultando a tu familia.

Robyn y Chloe
Colegio Pentland
1º ESO

¿Qué puedes hacer si estás siendo acosado?

Primero recuerda que el problema no eres tú, sino el acosador. Si eres acosado, he aquí algunas cosas que puedes hacer:

- Trata de estar con tus amigos; los acosadores son cobardes y normalmente no molestan a personas que están en un grupo.
- Di al acosador: «¡Basta ya!» y vete. Ignórale. La mayoría de las veces los acosadores solo quieren llamar la atención.
- Habla a un adulto en quien confíes o escríbele una carta. No pienses que esto es «chivarse», porque no lo es. Tienes derecho a sentirte seguro y los adultos pueden hacer algo para detener el acoso.
- Cuéntaselo a otras personas; te escucharán y harán que te sientas seguro.

¿Por qué son acosadas algunas personas?

Hay niños que no son acosados por una razón particular, pero a veces el acoso se debe a que son diferentes por algún motivo: el color de la piel, la manera en que hablan, su estatura o su nombre. Algunos niños son acosados porque parece que no podrán defenderse por sí solos.

¡Mosquito, no sabes ni hablar!

¡Buu, bua, buah! ¡Guaa, guaa, guaa!

Ideas y estrategias para detener el acoso escolar

Mantra de la clase

Sé fuerte, di que puedes hacerlo.
Mantén alta tu barbilla.
No hay nada que no puedas hacer,
pero primero tienes que intentarlo.

Geraldine, de 11 años de edad

El mantra de la clase

Un mantra de la clase ayuda con frecuencia, especialmente si lo formulan los niños; por ejemplo: «En esta clase, todos cuidamos de todos»; «Todos somos realmente importantes»; «No necesitamos una semana anti-acoso porque no tenemos ningún acosador»; «Todos somos diferentes, ¡hurra!».

Marcar goles

Se pide a los niños que establezcan sus objetivos y decidan si los han alcanzado. Si los niños dicen que no han progresado, entonces este reconocimiento equivale a meter un gol en propia meta (o el balón vuelve al punto de partida) y el niño puede intentarlo de nuevo o elegir otro balón. Por otro lado, si un niño es molestado por otro, puede tirar un penalti –es decir, podría recibir un tiempo extra, o tener otro balón u objetivo que sustituya a la elección original.

El acoso escolar en la infancia christine macintyre

Recursos: dibuja una portería en la pared; cada niño recorta un balón de papel y escribe (o bien el profesor escribe) un objetivo para hoy o para esta semana (aquello que sea apropiado).

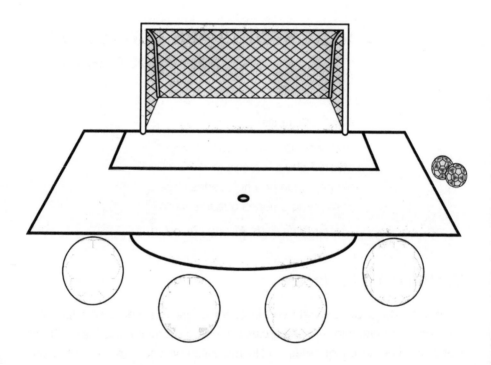

Estos objetivos se sitúan en torno a la portería. Después, al final del día o de la semana, los niños pueden decidir si han alcanzado su objetivo (el balón ha entrado en la red), si no lo han conseguido (no han marcado gol) o si lo han intentado y otra persona les ha impedido conseguirlo (se les concede un penalti y tienen otro turno).

Una muestra de objetivos. Es bueno que los niños puedan establecer sus propios objetivos:

Hoy tomaré fruta en el recreo.

Si alguien coge mi juguete, esperaré y pediré un turno.

Esperaré en la fila tranquilamente a la hora de ir a comer.

Esta semana, Tom y yo trabajaremos juntos para terminar nuestro mapa del tiempo.

Ensartaré perlas en un collar para el día de la madre.

Trataré de no mezclar las pinturas y, para ello, limpiaré primero mi cepillo.

Haré mi trabajo a tiempo, para no tener que llevármelo a casa.

No estaré de cháchara mientras el profesor nos habla sobre cómo escribir narraciones.

No seré tan mandón.

Dejaré que todos participen.

Si siento que estoy siendo desagradable o que estoy indignado, contaré hasta diez y diré algo agradable.

Otra posibilidad es que el profesor proporcione objetivos diarios y se los comunique a los niños el día anterior por la tarde, de modo que puedan pensar acerca de cómo podrían conseguirlos. Aquí la idea es proporcionar a cada niño vulnerable un objetivo personal para el día siguiente. El niño puede pensar sobre esa finalidad el día anterior por la tarde, hablar sobre ella con su familia y, al final del día o en algún momento de tranquilidad, poner en común si –y cómo– se ha alcanzado. Esto puede valer también para los niños que acosan, con diferentes objetivos posibles.

Gráficos de barras

Se puede pedir a los niños que hagan un gráfico de barras o, a los que son un poco mayores, un tablero de serpientes y escaleras.

Los gráficos de barras se pueden elaborar reuniendo las preferencias de los niños relativas, por ejemplo, a sus juegos en el parque, los tipos de música que les gustan, las comidas o las golosinas. Después se pueden introducir del mismo modo cuestiones relativas a la autoconciencia.

Deberes cotidianos

Lunes – Apunta el número de cosas amables que has dicho hoy a otras personas. Si eres poco amable, tienes que añadir una marca negra. Esto se podría representar como un gráfico de barras en el que diferentes niños usan diferentes colores.

Martes – Prepárate para decir una frase como: «Eso es realmente aburrido» o: «Vas a sentirte triste si piensas que me preocupas». Practica diciendo esto mientras te miras en un espejo. Asegúrate de que pareces verdaderamente fuerte.

Miércoles – Sigue diciéndote: «Soy fuerte». Piensa en algo que te molestó ayer y habla con tus padres o tu profesor sobre lo que hiciste y tal vez sobre diferentes formas en que podrías haber hecho frente a la situación.

Jueves – Camina erguido cuando estés en el patio: con la cabeza alta y los hombros hacia atrás. Demuestra que no tienes miedo.

Viernes – Comenta un poema con un amigo, como: «Los dos gatitos», «El Gigante» o «El gigante amable». ¿Cuáles son las ideas que están detrás de las palabras en los poemas?

Poemas y rimas que contienen ideas para los debates y actividades dramáticas

El Gigante

Vino un Gigante a mi puerta,
un Gigante feroz y forzudo;
sus pisadas hacían retumbar el suelo,
sus brazos medían varios metros.

Miraba con el ceño fruncido
y sus pasos sacudían el suelo.
Mi cuerpo entero empezó a temblar.
Por fin, le miré a la cara
y grité: «¿Quién te quiere?».

Cuando hablé, el poderoso Gigante
se volvió pálido, delgado y pequeño,
y a través de su cuerpo, como si fuera humo,
vi cómo se ponía el sol.

Sus ojos rojos se volvieron azules como el cielo.
Habló muy bajo y suavemente.
Y yo grité con orgullo: «¿Es este,
es este el poderoso enemigo?».

Se inclinó ante mi rostro serio.
Se desvaneció sin más.
Y no dejó ni siquiera una sombra
entre el día y yo.

Tales gigantes vienen a dejarnos sin habla,
pero son débiles a más no poder,
se deshacen ante los ojos de un hombre fuerte
y huyen ante los valientes de corazón.

Charles Mackay

El acoso escolar en la infancia christine macintyre

El gigante amable

Hay huellas de gigante en el camino,
una del pie derecho y otra del izquierdo
que marcan una gran zancada.

Pero ¿dónde está el gigante? ¿Dónde demonios está?
¡Voy a esconderme
donde él no pueda verme!
¿Es un ogro con ojos muy duros y grises?
Si por casualidad tiene este aspecto,
¡echaremos todos a correr!

Presté atención y le oí bajar por el camino.
Vamos a asomarnos para verle
y después nos esconderemos de nuevo.
¿Habéis visto su gran nariz roja y el alegre brillo de sus ojos?
Estoy seguro de que es un gigante amable;
¡qué agradable sorpresa!

Está sentado en nuestro jardín y dice: «Por favor, venid a jugar,
me encanta jugar con los niños pequeños,
me alegran el día».
Y nosotros salimos corriendo y nos sentamos en sus rodillas,
y le pedimos que nos cuente
toda su historia.

«Cuando era un niño pequeño», dijo nuestro gigante amable,
«yo vivía en las montañas,
donde el cielo es rojo.
Tiraba piedras enormes por la ladera de la montaña,
nadaba en los lagos,
sacudía las ciudades
y viajaba por todas partes.

»Pero ahora soy mayor y me duele ver
cómo muchos niños pequeños
tienen miedo de mí.
Por eso ahora sonrío siempre y hago todo lo posible para mostrar
que aun cuando soy grande, en el fondo
no soy más que un niño».

Christine Macintyre

El acoso escolar en la infancia christine macintyre

Lecciones de «El gigante amable»

Los mensajes principales son que las personas pueden cambiar y los beneficios que se consiguen siendo amable con los demás –a saber: otras personas, al no tener miedo, quieren entablar amistad–. Los niños pueden representarlo con diferentes papeles: el gigante, los vecinos, los niños... Los niños que tienen el papel de vecinos pueden representarlo susurrándose unos a otros: «¿Habéis oído? El gigante se acerca». Y la discusión en grupo puede introducir muchos términos nuevos como «miedoso» («Vamos a poner todos cara de miedosos»; «¿Hay algo que te hace sentirte así?... ¡Qué miedo!»), mientras todos fingen que sienten escalofríos.

Los niños tratan de imitar los pasos del gigante: ¡este es un buen desafío para mantener el equilibrio! Los más jóvenes pueden dejar sus pisadas en el barro; los mayores pueden dibujar sus huellas y aprender sobre las diferentes partes (huesos y ligamentos) y, si es apropiado, hacer gráficos de las tallas de los zapatos en el grupo.

Si un niño representa el papel del gigante que da pisotones montaña abajo, otros pueden entrar y salir disparados de sus escondites, mostrando el miedo que tienen. Se puede ampliar el vocabulario: dar pisotones, aplastar, dar tumbos; se podrían sugerir otras formas de bajar por la ladera de una montaña como, por ejemplo, corriendo por un pedregal, en vuelo con ala delta, en paracaídas, en globo aerostático.

Pero después, cuando todos se sientan para escuchar al gigante, descubren que es simpático y sonríe, de modo que la discusión aborda temas como la necesidad de no sacar conclusiones precipitadas basándose en las apariencias –¡y de estar preparados para dar a todos una segunda oportunidad!

Después el gigante reflexiona sobre las cosas horribles que ha hecho. A los niños les encanta «tirar piedras enormes por la ladera de la montaña» y en el diálogo se les puede pedir que imaginen cómo se sienten los vecinos. Se puede enriquecer el vocabulario una vez más. Los niños mayores pueden hacer pares de palabras contrarias, como, por ejemplo:

grande – pequeño
amable – agresivo, horrible, ruidoso
simpático – aterrador
alegre – triste
cortés – duro

Después pueden pensar en situaciones en las que ellos mismos tuvieron estas características. Los diálogos podrían abordar cuestiones como: «Si has sido poco amable con alguien, ¿qué podrías hacer para ganarte el favor de esa persona?» o: «¿Qué puedes hacer si te encuentras con alguien que tiene cara de gruñón?» y también, con los mayores: «Cuando recuerdes tu infancia, como el gigante, ¿te sentirás satisfecho?».

Una vez que se ha dialogado sobre las características del gigante, es importante subrayar que con un poco de cuidado y reflexión todos podemos cambiar y ser personas más amables.

Los siguientes dibujos son de alumnos del primer curso de enseñanza primaria del Colegio Longniddry.

Estoy asomando mi cabeza por la chimenea.
El gigante va a derribar mi casa con una
piedra enorme.

**Todos estamos
escondiéndonos del gigante.**

El gusano de luz

Esta actividad está pensada para los cursos de educación infantil y los ciclos primero y segundo de primaria.

«Aquí tenemos un nuevo amigo que va a vivir con nosotros durante algún tiempo. ¿Qué clase de persona queremos que sea?». (Dibuja un gusano de luz o hazlo con una bufanda larga cosida y llena de calcetines viejos. Ponle dos ojos y una boca sonriente, y cósele un sombrero de colores. Pídeles a los niños que le pongan un nombre, y después reúne sus ideas sobre el lugar donde debería vivir, de dónde viene, si es adulto, etcétera).

Un profesor en prácticas tuvo mucho éxito al realizar esta actividad con niños de 5 años. Llamaron «Librero» al gusano de luz e hicieron las siguientes sugerencias:

Queremos que sea bueno y que no nos muerda.
Tiene que ser tranquilo porque nosotros trabajamos mucho.
Espero que sea divertido y gaste bromas... eso estaría muy bien.
Podríamos preguntarle qué le gusta comer y comprarle esa comida.
Tal vez se pelee con Teddy en el rincón.
Parece que está enfadado... podríamos cerrarle fuera.
¿Es un extraño? Si lo es, a mí no me permiten hablar con él.

Esta idea puede facilitar el desarrollo del lenguaje –los profesores introducen amablemente palabras como «considerado», «agresivo», «bullicioso», y los niños deciden qué características se le aplican mejor. Los niños que puedan hacen trabajos sobre las luciérnagas (o sobre el animal «visitante»). En la clase donde se practicó esta actividad, el gusano de luz se convirtió en un personaje real de la clase: se celebró su cumpleaños y los niños le hicieron regalos. Tenía su casa en el rincón de los libros y cada día los niños querían saber impacientes qué libro había elegido para leerlo mientras ellos dormían. Les encantaba que Librero eligiera el mismo libro que ellos. (El profesor puede asegurar que Librero elija el mismo libro que un niño tímido). ¡Una madre que pensaba que Librero era un niño nuevo en la clase le envió una invitación para la fiesta de cumpleaños de su hijo!

Algunos días, Librero estaba irritado y enfadado, y los niños hablaban sobre cómo se sentían por ello, por qué Librero se comportaba de ese modo y qué podían hacer para que se sintiera mejor. Escenas llenas de imaginación – como, por ejemplo, que Librero había salido fuera para jugar y otro gusano de luz se había portado mal con él– podían llevar a discusiones sobre las mejores maneras de afrontar el acoso escolar en el patio.

Una página para facilitar el diálogo sobre expresiones faciales

FELIZ

TRISTE

DOLIDO

INDIGNADO

ATEMORIZADO

DIBUJA UN ROSTRO AQUÍ

Tomado de: *El acoso escolar en la infancia*, Desclée De Brouwer © Christine Macintyre 2009

Los dos gatitos

Una noche de tormenta, dos gatitos
empezaron a reñir y, después, a pelear.
Uno tenía un juguete, el otro no tenía
y así es como empezaron a luchar.

«Voy a coger tu juguete», dijo el gato más grande.
«¿Quieres tener mi juguete? ¡No lo conseguirás!».
«Voy a coger tu juguete», dijo el gato pardo.
Se arañaron, se rasguñaron y al suelo fueron a parar.

Os he dicho ya que era una noche de tormenta
cuando los dos gatitos empezaron a pelear.
Una anciana agarró la escoba
y les hizo salir al umbral.

En la puerta estuvieron tiritando de frío
hasta que la anciana el suelo hubo barrido.

Y después entraron, quietos y modositos,
llenos de nieve, empapados y heladitos.
Descubrieron que en aquella noche de tormenta
era mucho mejor estar sentados junto al hogar
que dedicarse a pelear.

Jane Taylor

Este poema muestra que es una necedad perder el tiempo riñendo. Y pone de manifiesto que cuando la gente se pelea no hay vencedores.

Plumas bonitas

Los pavos reales tienen plumas bonitas,
pero escuchad su canto,
se contonean y se pavonean
porque quieren que les vean.
No son nada tímidos.

El acoso escolar en la infancia christine macintyre

Escuchad ahora a la alondra
que canta una canción preciosa.
Sus plumas no son atractivas,
pero nos encanta todo el día.

Christine Macintyre

Este poema pide a los niños que miren más allá de lo obvio y piensen en los dones que tienen las diferentes personas. También les hace comprender que los niños tímidos podrían estar ocultando sus dones y que es necesario animarles para que los muestren.

Esto podría servir de preparación para las hojas de ejercicios «¿Quién soy yo?», porque a los niños humildes podría sugerirles que tienen dones ocultos y podrían compartirlos. Después, los niños podrían enumerar los talentos en el aula o preparar una lista de talentos que ellos desearían tener.

Ocurrencias

Las víctimas deberían comprender que están tratando de bajarles los humos a los acosadores.

- «STOP» – Si las víctimas gritan «STOP» en el mismo momento en que empieza el acoso escolar, ello llama la atención sobre el lugar donde está el acosador y anima a los demás a intervenir. Esta sencilla técnica ha sido sorprendentemente exitosa.
- «Vete. Deja de acosar. No me preocupas. Debes sentirte muy triste si no tienes cosas más amables que hacer».
- A veces, el elemento sorpresa puede producirse cuando parece que la víctima está de acuerdo con el acosador... ¡pero al final se produce la «picadura del aguijón»!

«Me dijiste que era tonto y gordo»
y te respondí: «Sí, es verdad,
me lo dijiste ayer mismo.
¡Soy como tú, soy igual!

»Si eso es todo lo que puedes pensar,
ciertamente ello va a demostrar
que tienes pájaros en la cabeza,
eso es lo que tienes en tu chaveta».

Las páginas siguientes ofrecen una selección de ideas que ocupan una página y se pueden fotocopiar.

El acoso escolar en la infancia christine macintyre

Para mí… sobre mí…

No hay respuestas correctas. Sé sincero. Rodea algunas palabras de esta lista que describan cómo te sientes la mayor parte del tiempo.

| Feliz | Aburrido | Simpático | Pienso que lo haré bien | Amable |

| Disfruto de mi tiempo | Triste | Deprimido | Espero con impaciencia nuevas actividades |

| Agresivo | Tengo miedo de los cambios | Tranquilo, no nervioso | Celoso |

| Contento de ser como soy | Desearía ser otra persona | Tengo muchos amigos | Me gusta trabajar a solas |

| Haz una lista de las cosas con las que estás contento | Haz una lista de las cosas que te gustaría cambiar |

Si otras personas leyeran esto, ¿te reconocerían? ¿Puedes pensar cómo vas a realizar los cambios, cómo conseguir que tu lista se haga realidad?

El extraterrestre

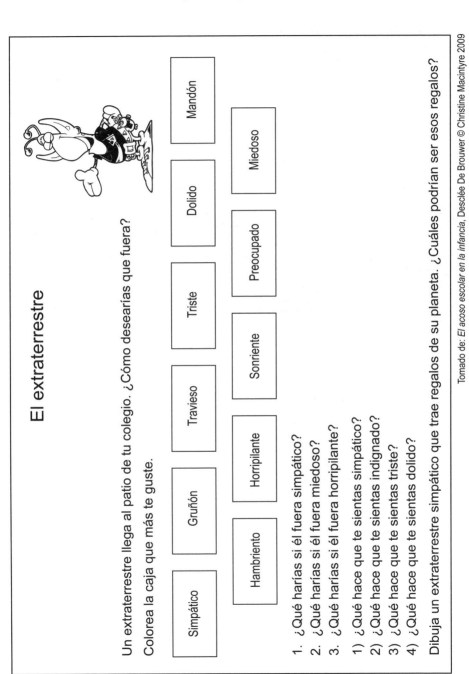

Un extraterrestre llega al patio de tu colegio. ¿Cómo desearías que fuera?

Colorea la caja que más te guste.

| Simpático | Gruñón | Travieso | Triste | Dolido | Mandón |

| Hambriento | Horripilante | Sonriente | Preocupado | Miedoso |

1. ¿Qué harías si él fuera simpático?
2. ¿Qué harías si él fuera miedoso?
3. ¿Qué harías si él fuera horripilante?

1) ¿Qué hace que te sientas simpático?
2) ¿Qué hace que te sientas indignado?
3) ¿Qué hace que te sientas triste?
4) ¿Qué hace que te sientas dolido?

Dibuja un extraterrestre simpático que trae regalos de su planeta. ¿Cuáles podrían ser esos regalos?

Tomado de: *El acoso escolar en la infancia*, Desclée De Brouwer © Christine Macintyre 2009

Diario secreto

Fecha 1)

Fecha 2)

Rellena hoy esta ficha. Guárdala y complétala de nuevo dentro de dos semanas. ¿Ha habido cambios? ¿Qué los ha causado?

	Sí	No	A veces
Tengo que responder a las preguntas rápidamente			
Preparo a tiempo mis libros y bolígrafos			
Escucho atentamente durante las lecciones			
Me paso todo el día soñando			
Me llevo bien con los compañeros de clase			
Me resulta difícil sentarme y concentrarme			
Soy simpático con todos los demás			
Me siento seguro para hacer preguntas si no entiendo algo			
Disfruto de veras jugando con los amigos			
Siempre dejo jugar conmigo a los que quieren ser amigos míos			
Acoso a los niños que no me gustan			
Algunos niños me acosan			
El profesor me acosa			

Elige una o dos cosas que te gustaría cambiar.
Descubre la manera de hacerlo.

Fecha 2) ¿Lo conseguiste?

¡Sobre MÍ!

Normalmente soy/estoy…

	Sí	No		Sí	No
Feliz	☐	☐	Simpático	☐	☐
Hablador	☐	☐	Demasiado ruidoso	☐	☐
Amante del deporte	☐	☐	Un poco perezoso	☐	☐
Serio	☐	☐	Divertido	☐	☐
Sincero	☐	☐	Mentirosillo	☐	☐
Tengo muchas ideas buenas	☐	☐	Gruñón	☐	☐

Piensa sobre la manera en que te ven otras personas.

¿Quieres cambiar algo? Sí ☐ No ☐

Dibuja o escribe sobre algo que

a) te hace feliz

b) te contraría

Tomado de: *El acoso escolar en la infancia*, Desclée De Brouwer © Christine Macintyre 2009

Apéndice

Los «seis sombreros para pensar» de Edward de Bono

Blanco
Centrado en la información,
p. ej.: «¿Qué nos dice
el relato?»,
«¿Cuál es el problema
que tenemos que
resolver?».

Amarillo
Un sombrero positivo
y alegre.
«¿Cuáles son las cosas
buenas, los beneficios
y valores?».

Rojo
Sentimientos y emociones:
«¿Cómo hace esto que
te sientas?» o:
«En el relato ¿cómo
se sintió
(el personaje)?».

Negro
Un sombrero cuidadoso
y prudente.
«¿Qué dificultades
podríamos encontrar?»

Azul
Un sombrero controlador:
frío, pero preocupado
por controlar
a los otros sombreros.

Verde
Un sombrero creativo:
«¿Qué más podríamos
hacer?».
«¿Qué otras formas de
hacerlo podríamos
probar?».

Tomado de: *El acoso escolar en la infancia*, Desclée De Brouwer © Christine Macintyre 2009

Bibliografía

Ainsworth, M.D.S. (1973), «The development of mother-infant attachment», en B.M. Caldwell – H.N. Ricciutti (eds.), *Review of Child Development Research*, vol. 3, Chicago: University of Chicago Press.

Ainsworth, M.D.S. – Blehar, M. – Waters, E. – Wall, S. (1978), *Patterns of Attachment*, Hillsdale, NJ: Lawrence Erlbaum.

Alexander, L. – Currie, C. – Mellor, A. (2004a), «Social context of bullying behaviours», HBSC Briefing Paper 9, publicado por Anti-Bullying Network, Universidad de Edimburgo.

Alexander, L. – Currie, C. – Mellor, A. (2004b), «Bullying: health, well-being and risk behaviours», HBSC Briefing Paper 10, publicado por Anti-Bullying Network, Universidad de Edimburgo.

Allergy Awareness Group (2007), «Childcare environment: food allergies», ponencia presentada en la Ickworth Hall Conference on Childhood Concerns, abril.

Barrett, S. – Prior, M. – Manjiviona, J. (2004), «Children on the borderlands of autism», *Autism: The International Journal of Research and Practice* 8 (1): 61-87.

Baumrind, D. (1972), «Socialization and instrumental competence in young children», en *The Young Child: Reviews of Research* 2: 202-224.

Bee, H. (1999), *The Growing Child*, Londres: Addison-Wesley.

Bee, H. (2004), *Lifespan Development*, Nueva York: HarperCollins.

Bellhouse, B. – Johnston, G. – Fuller, A. (2005), *Empathy: Promoting resilience and emotional intelligence for young people aged 7-11*, Londres: Paul Chapman.

Bond, L. – Carlin, J.B. – Thomas, L. – Rubin, K. – Patton, G. (2001), «Does bullying cause emotional problems?», *BMJ* 323: 480-484.

Borstein, M.H. (1989), *Maternal Responsiveness: Characteristics and Consequences*, San Francisco: Jossey-Bass.

Borup, I. – Holstein, B. (2007), «Schoolchildren who are victims of bullying report benefit from health dialogues with the school health nurse», *Health Education Journal* 66 (1): 58-67.

Buckley, S. (2007), *The Sue Buckley Research Fund Booklet*, Southsea, UK: Down Syndrome Educational Trust.

Buss, A.H. – Plomin, R. (1986), *Temperament: Early Developing Personality Traits*, Hillsdale, NJ: Lawrence Erlbaum.

Byrne, B. (2003), «Countering bullying behaviour: a proactive approach», ponencia presentada en el Galway Education Centre, marzo.

Carter, R. (2000), *Mapping the Mind*, Londres: Phoenix.

City of Edinburgh Council (2006), *Guidance on Positively Challenging Bullying, Racism and Discrimination*, Edinburgh: Children and Families Department.

Collins, M. (2005), *It's OK to Be Sad*, Londres: Paul Chapman.

Davies, A.M. (2002), «Sound therapy through The Listening Program», *Patoss Bulletin*, mayo.

De Bono, E. (1999), *Six Thinking Hats*, Londres: Penguin Books (trad. esp.: *Seis sombreros para pensar*, Barcelona: Paidós, 2008).

Department of Education (An Roinn Oideachais) (1993), *Guidelines on countering Bullying Behaviour in Schools*, Dublin: The Stationery Office.

Dowling, M. (2004), *Young Children's Personal, Social and Emotional Development*, Londres: Paul Chapman.

Due, P. – Holstein, J.L. – Diderichsen, F. – Nic Gabhain, S. – Scheidt, P. – Currie, C. (2005), «Bullying and symptoms among school-aged children: international comparative cross sectional study in 28 countries», *European Journal of Public Health* 15 (2): 128-132.

Eisenberg, N. (1992), *The Caring Child*, Cambridge, MA: Harvard University Press (trad. esp.: *Infancia y conductas de ayuda*, Madrid: Morata, 1999).

Eisenberg, N. (2002), *Altruistic Emotion, Cognition, and Behavior*, Hillsdale, NJ: Lawrence Erlbaum.

Harris, P. (1992), *Children and Emotion*, Oxford: Blackwell.

Hartup, W.W. (1996a), «The company they keep: friendships and their developmental significance», *Child Development* 67: 1-13.

Hetherington, E.M. (1999), «Coping with family transitions: winners, losers and survivors», *Child Development* 60: 1-14.

Johnson, R.A. (1991), *Owning Your Own Shadow: Understanding the Dark Side of the Psyche*, New York: Faber & Faber (trad. esp.: *Aceptar la sombra de tu inconsciente: comprender el lado oscuro de la psique*, Barcelona: Obelisco, 1998).

Jung, C.G. (1955), *The Interpretation of Nature and the Psyche*, New York: Pantheon (trad. esp. del orig. alemán: *La interpretación de la naturaleza y la psique: la sincronicidad como un principio de conexión causal*, Barcelona: Paidós, 1991).

Keen, D. – Ward, S. (2004), «Autistic spectrum disorder: a child population profile», *Autism: The International Journal of Research and Practice* 8 (1): 39-48.

Kowalski, R. – Limber, S. – Agatston, P. (2010), *Cyber Bullying. El acoso escolar en la era digital*, Bilbao, Desclée De Brouwer.

Lewis, C. (1986), *Becoming a Father*, Milton Keynes: Open University Press.

McCarthy, J. (2005), «The persistence and invasiveness of deficit thinking», *Learn: Journal of the Irish Learning Support Association* 27: 33-46.

Macdonald, K. (1992), «Warmth as a developmental construct», *Child Development* 63: 753-773.

Macintyre, C. (2008), *Dyspraxia in the Early Years*, 2ª ed., Londres: David Fulton.

Macintyre, C. – Deponio, P. (2003), *Identifying and Supporting Children with Specific Learning Difficulties: Looking beyond the Label to Assess the Whole Child*, Londres: Routledge-Falmer.

Mackay, C. (1933), «The Giant», en *Excelsior Readers Book 11*, Edinburgh: Oliver & Boyd.

Moore, C. (2004), *George and Sam*, Londres: Viking.

Murray, M. – Keane, C. (1998), *The ABC of Bullying*, Dublin: Mercier Press.

Myers, B.J. (1984), «Mother-infant bonding: the status of this critical-period hypothesis», *Developmental Review* 4: 240-274.

Nation, M. – Vieno, A. – Perkins, D. – Santinello, M. (2008), «Bullying in school and adolescent sense of empowerment: an analysis of relationships with parents, friends, and teachers», *Journal of Community and Applied Social Psychology* 18(3): 211-232.

Neihart, M. (2003), «Gifted children with attention deficit hyperactivity disorder», *ERIC EC Digest* 649.

Olweus, D. (1993), *Bullying at School: What We Know and What We Can Do*, Oxford: Blackwell (trad. esp.: *Conductas de acoso y amenaza entre escolares*, Madrid: Morata 2004[2]).

Olweus, D. (1995), «Bullying and peer abuse at school: facts and intervention», *Current Directions in Psychological Science* 4: 196-200.

Oppenheim, D. – Sagi, A. – Lamb, M.E. (1988), «Infant-adult attachments on the kibbutz and their relation to socioemotional development four years later», *Developmental Psychology* 24: 427-433.

Palmer, S. (2006), *Toxic Childhood*, Londres: Orion.

Parten, M.B. (1932), «Social participation among pre-school children», *Journal of Abnormal and Social Psychology* 27: 243-269.

Peer, L. (2004), «Otitis media: a new diagnosis in dyslexia?», ponencia presentada en la BDA International Conference, Universidad de Warwick, marzo.

Piaget, J. (1954), *The Construction of Reality in the Child*, New York: Basic Books (trad. esp. del orig. francés: *La construcción de lo real en el niño*, Barcelona: Crítica, 1985).

Taylor, J. (1933), «Two Little Kittens», en *Excelsior Readers Book 11*, Edinburgh: Oliver & Boyd.

Thomas, A. – Chess, S. (1977), *Temperament and Development*, New York: Brunner/Mazel.

Thomson, L. – Lowson, T. (2002), *Self-esteem 1*, Colchester, UK: Claire Publications.

Thornton, S. (2007), «Bullying: A fixable problem?», en *Child Care* (Londres: Step Forward Publishing), noviembre.

Todd, J. – Currie, C. – Mellor, A. – Johnstone, M. – Cowie, M. (2004), «Bullying and fighting among schoolchildren in Scotland: age and gender patterns, trends and cross national comparisons», HBSC Briefing Paper 8, Universidad de Edimburgo.

Valencia, R.R. (1997), *The Evolution of Deficit Thinking: Educational Thought and Practice*, Londres: Falmer Press.

Winston, R. (2004), *The Human Mind*, Londres: Bantam Books.

Índice analítico y de nombres

Índice general

El acoso escolar en la infancia   christine macintyre

Cyber Bullying
El acoso escolar en la era digital

Robin Kowalski
Susan Limber
Patricia Agatston

ISBN: 978-84-330-2398-8

Cyber Bullying recopila la información más actual y esencial sobre la naturaleza y la incidencia de esta epidemia de nuestro tiempo. Revisando las novedades más recientes en la investigación sobre el tema, las autoras se sirven de amplios estudios con más de 3.500 alumnos de primer ciclo de secundaria, proyectos de investigación por la red y el uso de redes sociales online, así como de datos procedentes de grupos de discusión integrados por víctimas y agresores de casos reales de ciberacoso, además de la aportación de los padres de unos y otros.

Escrito en un estilo accesible, este texto fundamental ofrece a los profesores, los padres, los psicólogos y los responsables de la elaboración y la aplicación de las normativas escolares, unas técnicas de prevención cruciales, además de una serie de estrategias para abordar eficazmente el fenómeno del acoso cibernético, esto es, de la crueldad social entre los jóvenes a través de las nuevas tecnologías electrónicas.

Borrando la J de jaula
Cómo mejorar el funcionamiento del aula

Isabel Cazenave
Rosa Mª Barbero

ISBN: 978-84-330-2452-7

¿Quién no ha hecho alguna vez la broma de llamar "jaulas" a las aulas?

Para muchos, la educación es una foto en sepia, decolorada y con rancio olor a naftalina, donde los alumnos están alineados y desdibujados... y este es un lastre en forma de viejas estructuras e idiosincrasias que a día de hoy y con retraso entra en un vórtice de cambio, en un punto de inflexión donde los nuevos profesionales buscan reconciliar al maestro con la motivación y con la importante naturaleza de su figura para poder así innovar, redefinir los roles y potenciarse a sí mismo y al alumno en un proceso creativo donde los viejos decálogos den paso a la comunicación, a la emoción y la empatía en un nuevo tablero para los grandes valores...

No existe una macroindustria del bonsái, porque cada uno es único e incomparable y la estandarización sacrificaría la belleza y peculiaridades de cada uno. De esta manera estas páginas pretenden separar la escuela del concepto de macroindustria para situarla en el terreno que le corresponde, la educación de personas por encima de la estandarización de quintas o promociones... ¿Cómo? Mediante alternativas creativas y dinámicas para mejorar el clima del aula, previniendo y abordando las dificultades que nos podemos encontrar, recogiendo también el importante papel que la familia juega en semejante reto.

Este libro, que apela al entendimiento de la educación desde un sentido holístico e integrador, permite comprender a las personas a partir no solamente de sus capacidades intelectuales sino de todo su conjunto emocional. Y para eso es necesaria la actitud dispuesta de docentes que crean en el diálogo con sus estudiantes y que luchen por los "casos perdidos" a través de una educación con corazón.

Rebelión en el aula
Claves para manejar
a los alumnos conflictivos

Sue Cowley

ISBN: 978-84-330-2378-0

"Este libro ofrece una serie de consejos sobre el manejo conductual en el aula que son prácticos, realistas y sobre todo honestos. Dentro encontraremos información sobre cuáles son las bases para abordar las conductas difíciles, además de sugerencias para mejorar nuestras habilidades para saber llevar a los alumnos. Incluyo numerosas indicaciones prácticas para llevar las riendas de la clase, e ideas para mejorar los aspectos físicos del entorno pedagógico. También reviso de qué forma el hecho de preparar y de dar unas clases de calidad puede ayudarnos a conseguir que los alumnos se comporten bien. Las ideas y los consejos que aparecen en el texto se basan en observaciones de sentido común, en técnicas que he visto utilizar a otros profesores y en estrategias que a mí me han funcionado. Espero que pueda ser una fuente de referencia útil en la labor docente cotidiana: un punto de partida para las personas nuevas en esta profesión y un recordatorio y una puesta al día para los profesores más experimentados."

Sue Cowley

La presente es una edición nueva y actualizada de uno de los libros más vendidos en el Reino Unido dirigido a los enseñantes y los formadores, e incluye nuevos capítulos sobre la forma más eficaz de dar clases y sobre el manejo conductual de los enfrentamientos que pueden surgir dentro del aula.

Los niños, el miedo y los cuentos
Cómo contar cuentos que curan

Ana Gutiérrez
Pedro Moreno

ISBN: 978-84-330-2512-8 .

El miedo a la oscuridad y a dormir solo, el miedo a los cohetes y a las tormentas, el miedo a los animales, el miedo a las inyecciones o al pediatra, el miedo a las personas desconocidas… son algunos de los muchos miedos que sufren los niños. Estos miedos pueden aparecer como por arte de magia… y desaparecer cuando el niño madura. Sin embargo, en ocasiones, el miedo es desproporcionado, muy intenso y resulta claramente una fuente de sufrimiento tanto para el niño como para sus padres y madres. En estos casos el miedo se ha convertido en fobia y el pequeño necesita ayuda para superar su miedo. De lo contrario, además de sufrir innecesariamente, el niño puede padecer alteraciones importantes en su desarrollo, tanto a nivel emocional como en su relación con los demás y en su rendimiento académico.

El propósito de esta obra es ofrecer a los padres, maestros y, en general, a todas las personas relacionadas con el cuidado de los niños, una herramienta poderosa y especialmente adaptada para los miedos infantiles: los cuentos terapéuticos. El lector descubrirá que, a través de la creación de cuentos personalizados, es posible establecer contacto con el canal emocional del miedo infantil, encauzando y resolviendo, de este modo, las emociones dolorosas. Los cuentos terapéuticos, cuando se adaptan a cada niño, pueden lograr unos resultados excelentes, como lo demuestra la práctica clínica de los autores. En este libro se desvelan los detalles prácticos para crear y contar cuentos que curan a los niños con miedos.

Familias felices. El arte de ser padres, por Trisha Lee, Steve Bowkett, Tim Harding y Roy Leighton

Mi aula de bebés. Guía práctica para padres y educadores infantiles, por Beatriz Ocamica Garabilla

Los niños, el miedo y los cuentos. Cómo contar cuentos que curan, por Ana Gutiérrez y Pedro Moreno

¿Todo niño viene con un pan bajo el brazo? Guía para padres adoptivos con hijos con trastornos del apego, por José Luis Gonzalo Marrodán y Óscar Pérez-Muga

Como pienso soy. Tratamiento para niños con dificultades de atención e impulsividad, por verónica beatriz boneta osorio

El acoso escolar en la infancia. Cómo comprender las cuestiones implicadas y afrontar el problema, por christine macintyre